サラリーマンの
副業の
税金
が全部わかる本

第2版

税理士・中小企業診断士・ファイナンシャルプランナー
大橋弘明

自由国民社

電卓くん、
税金のわからないこと
おしえて!

ぶたくん、いいよう♪

はじめに

「副業の時代」が到来！

厚生労働省の調査によると、副業希望者は約４００万人にものぼると言われています。求人情報サービス会社エン・ジャパン㈱の６、３２５人の会社員に対する調査結果（令和２年度）でも、「副業を始めたい」と思っている人が49％にのぼります。

副業を解禁する会社も増え、会社で働きながら、副業でもお金を稼ぐ、会社に縛られない働き方が広まりつつあります。

また、厚生労働省は、平成30年1月に副業解禁へ向けて、「モデル就業規則」を改訂しました。それまでは「副業・兼業」は禁止されていましたが、就業時間外など会社に支障がなければ、「副業・兼業」を行うことができると大きく方向転換したのです。

この副業解禁の流れは加速しており、令和４年10月に国税庁は副業などの所得の区分を明確にするために所得税の基本通達の改正を行いました。

不安の上位は「税金」！

しかし、一方で多くの人が副業を始めることに対して、不安も持っています。

同じく令和2年度のエン・ジャパン㈱の副業に対する不安の調査によると、「手続きや税金の処理が面倒」と思っている人が52％にものぼり、断トツの1位なのです。

つまり、**副業に対する不安の上位は、税金に関すること**なのです。

令和5年10月からは消費税インボイス制度が開始し、さらに令和6年1月からは電子取引のデータ保存義務も開始しました。副業を始める上で知っておかないといけない税金に関する知識は以前よりも増えています。

そこで、本書はサラリーマンで副業を始める人に向けて、こうした税金に対する不安や疑問を解消することができるように、最新の税金情報をQ＆A方式でわかりやすさを心がけて執筆いたしました。

本書を読むことで、副業の税金に対する不安や疑問を解消し、副業を始める人が一人でも増えていただければ幸いです。

目次

第1章　不安をなくそう！ 副業の税金の疑問あるある

第2章 まずはこれだけ！副業の税金の計算を学ぼう

第3章 副業の節税は、ここがポイント！

第4章 その他の副業の税金について学ぼう

第5章 副業が本業に変わる日に備えて

第1章

不安をなくそう！
副業の税金の
疑問あるある

Q1

**なぜ副業を始めたら
税金を学ぶ必要があるの?**

A1

**副業で稼いだ分の税金を
きちんと計算して支払わないと、
後で税務署から連絡が来て
困ることになるからだよ**

副業を始めたサラリーマンがまず戸惑うのは、自分で税金を計算しなければならないということです。「税金のことはよく分からないし、不安だなぁ」という人も多いのではないでしょうか。

サラリーマンの場合には、会社が代わりに税金を計算してくれます。会社の年末調整という手続きで、1年間の税金が計算されるので、税金のことがあまり分かっていなくても、困ることはほとんどありません。

だから、副業を始めたとたんに、「副業で稼いだ分の税金を計算して、支払ってくださいね」と言われても戸惑うのはごく当然です。

私も税金のプロである税理士ですが、袋詰めにされた領収書の束を見て、税金の計算ってなんて面倒なんだろうと思うこともあります（笑）。だから、この本を手に取っていただいたあなたの気持ちもよく分かります。

でも、大丈夫です！

この本をゆっくりでも読み進めていただければ、税金の面倒臭さや不安も少しずつ解消することができるでしょう。そして、いつの間にか、副業の税金にも自信が持て、安心して副業に取り組むことができるようになります。

というのも、副業の税金は、他の税金に比べるとずっとやさしいからなんです。法人の税金よりも簡単なのはもちろんですが、読み進めていただければフリーランスの税金に比べても簡単なことに気づいていただけるでしょう。本屋にはフリーランス向けの税金の本がたくさん並んでいますが、それらを見て「難しそうだなぁ」と思った人でも大丈夫。副業の税金はもっとシンプルで、複雑な計算も出てきませんので、ご安心ください。

逆に、副業の税金のことを先送りにしたままでいると、後で困ったことが起きることがあります。例えば、確定申告せずに税金を支払わないでいると、ある日突然、税務署からこんな電話がかかってくることがあります。

「給与以外にもいろいろと収入がありそうですね。追加で○○万円の税金をお支払いください」

といったようなイメージです。実際には税務調査などで税金が決定し、自ら確定申告することになりますが、おおよそこのようなイメージと思ってもらって構いません。

これが1年分の税金なら、まだいい方です。もし、これが5年分の税金だったりすると、かなりの金額になります。よほど、副業が順調にいっていて、預金口座にお金が残っていないかぎり、簡単に支払うことはできないかもしれません。顔が青ざめ、「あのとき、遊びや食事に使っていなければ…」となっても、後の祭りです。税金の支払いのために銀行から借金をするなんてことになったら本末転倒ですね。

でも、繰り返しますが、大丈夫です！

副業の税金はやさしいですから、先送りせず、難しいフリーランス向けの税金の本などにも惑わされずに、今、学んでしまえばいいんです。しかも、この本は、Q＆A方式で読みやすくなっていますから、時間のない人は必要な所だけ読み進めていただくこともできます。

だから、ゆっくり少しずつでもいいですので、読み進めていきましょう。すると、いつの間にか副業の税金の面倒臭さや不安も解消し、安心して副業に取り組むことができるようになっているでしょう。

まとめ

副業の税金は、フリーランスの税金よりもずっとやさしい

Q2

会社が副業に気づくのは
どんなケースなの?

A2

市区町村から送付される
住民税のお知らせで
気づくことが多いよ

会社が副業に気づく可能性があるのは、次のようなケースです。

1　会社に対する住民税のお知らせ

給与収入と副業収入を合わせて確定申告すると、市区町村ではこれらを合算した収入金額に対して住民税を計算します。副業がアルバイト（給与）の場合には、副業先でアルバイトした分にかかる住民税も合わせた金額で、会社に住民税のお知らせが届きます。そのため、会社の給与の額から考えて高額な住民税のお知らせが届いた場合には、会社が副業に気づく可能性があるのです。

一方、副業が外注契約や商品売買など、アルバイト（給与）以外の収入であっても、給与収入とこれらの副業収入を合わせた収入金額に対して住民税が計算されます。でも、このケースでは、会社に副業を気づかれてしまうのを防ぐ方法があるんです。確定申告書で、給与以外の収入にかかる住民税について、**「自分で納付する（普通徴収）」を選択する**のです。すると、副業にかかる住民税のお知らせは、自宅あてに届くようになりますので、会社に気づかれることはありません。「自分で納付する（普通徴収）」をうっかり選択し忘れていると、会社に副業を気づかれてしまい、大惨事なんてことにもなりかねませんから、確定申告が終わったら、お住まいの市区町村に電話をして、「自分で納付する（普通徴収）」が選択されているかを確認するようにすると良いでしょう。

ここで、さきほどの副業アルバイトの給与にかかる住民税も、同じように「自分で納付する」を選べばいいのでは、と疑問に思われた人もいるかもしれません。でも、確定申告書では、本業の給与と副業の給与を分けて、住民税の支払方法を選ぶことができないのです。この場合には、お住まいの市区町村に電話をして、副業のアルバイト分の住民税について「自分で納付する」を選択できるかを確認してみると良いでしょう。選択ができるかどうかは市区町村によって対応が異なるようです。

2　同僚からの告げ口など

副業禁止の会社で、会社に副業を気づかれるケースとして多いのが、同僚からの告げ口です。昼休みに副業の話をしたら、人事部にバレて呼び出しなんてこともありますから、会社で副業が禁止されているような場合には、副業は自分だけの秘密にしておいた方が無難です。その他、会社の近くで副業のバイトをしているところを見られて気づかれることもあります。また、自分の生活行動パターンが突然変わって気づかれることもあります。会社に副業を気づかれてしまうパターンもいろいろあるので気を付けるようにしましょう。

3 マイナンバーを会社に教えても副業は気づかれない

副業先にマイナンバーを教えると、本業の勤め先の会社にも副業先の収入がバレてしまうんじゃないかという不安をよく耳にします。でも、マイナンバーを副業先に教えても、会社に副業が気づかれることはありませんのでご安心ください。というのは、マイナンバーで紐づけられた収入などの情報は、税務署などの公的機関に情報が届けられるくらいで、基本的には自分のマイナポータルというオンラインページに情報が保管されるだけだからです。ですので、会社がマイナンバーを知ったからといって、収入などの個人情報を調べることはできませんので、副業先にも堂々とマイナンバーをお伝えして大丈夫です。

まとめ

- **確定申告書では、副業の住民税は「自分で納付」を選択**
- **副業がマイナンバーで気づかれることはない**

副業の税金キーワード①

１　住民税の「普通徴収」と「特別徴収」

普通徴収とは、収入を得た個人が直接、市区町村に住民税を支払うことを言います。納付回数は、基本的に、６月、８月、10月、１月の年４回で、１年間の住民税の納付額の４分の１ずつを支払います。

特別徴収とは、勤務先の会社が給与から天引きして、市区町村に住民税を支払うこと言います。会社では従業員の「給与支払報告書」を毎年１月末に市区町村に提出することになっています。すると、５月末頃に市区町村から会社に住民税のお知らせが届く仕組みになっています。納付回数は年12回で、６月以降、１年間の住民税の納付額の12分の１ずつを支払います。

2　アルバイトと外注

アルバイトの場合は、会社との「**雇用契約**」にもとづき、労務の対価として「給与」を受け取ります。「給与」として所得税の源泉徴収の対象となりますが、消費税は課税されません。労災保険の加入対象になり、一定の要件を満たせば、雇用保険や健康保険、厚生年金の加入対象にもなります。

外注の場合は、一般的に、会社との「**請負契約**」や「**委任契約**」にもとづき、業務の対価として「報酬」を受け取ります。この外注に対する報酬は、基本的に給与には該当せず、給与以外の収入として取り扱われます。所得税の源泉徴収の対象となるかは業務の内容で判定し、消費税の課税対象にもなります。労災保険や雇用保険、健康保険、厚生年金の加入対象になりません。

このアルバイトと外注の違いについては、事業主として人を採用する場合にも、大切な考え方となりますので、覚えておくようにしましょう。なお、税務上、外注に該当するかは契約だけでなく、①他人が代われないか、②時間的拘束を受けないか、③指揮監督を受けないか、④業務遂行が報酬の要件か、⑤道具を自分で準備するか、など総合的に判定します（NOの項目が多いと給与になりやすいです）。

Q3

副業禁止の会社で
副業に気づかれたら、
どうなるの?

A3

なんらかの罰則を
受けることになる
可能性があるよ

副業が禁止されている会社に勤めていて、副業に気づかれた場合には、何らかの罰則を受ける可能性があります。だから、副業を始める前に、勤め先の会社が副業をしてもいい会社なのか、ダメな会社なのかを確認しておきましょう。また、副業をするのに事前の許可が必要な会社もありますので、その場合には申請書を提出し、会社の許可を受けてから副業を始めるようにしましょう。

それでは、罰則としてはどのようなものが考えられるのでしょうか。会社のルール（就業規則など）にもよりますが、次のような罰則が考えられます。

1　注意、反省文

口頭での注意や反省文で済めば、ラッキーな方かもしれません。

2　給与減額、降格処分、自宅待機

会社のルール違反として、給与が減額されることがあります。副業の稼ぎよりも、給与の減額が大きいということなんかになれば、目も当てられません。会社の役職者の場合には、降格処分も考えられます。また、他の従業員に悪影響があるようであれば、自宅待機なんてことも考えられます。

3 解雇、損害賠償

会社に悪影響を及ぼしている場合には、解雇にまで発展するケースもあります。さらには、副業としてライバル会社などで働いていたら、損害賠償問題に発展することも考えられます。

このように副業が禁止されている会社で、会社が副業に気づいたときには何らかの罰則を受ける可能性が高いです。だから、まずは自分の会社が副業をしても大丈夫な会社なのか、ダメな会社なのかを事前に確認しておく必要があります。また、副業が認められている会社であっても、認められている副業の種類が限定されている場合もあります。自分が始めようとする副業が、会社のルールで認められている副業なのかどうかも、あらかじめ確認するようにしましょう。

なお、公務員の場合には、そもそも法律で、例外を除き、副業が禁止されていますので、ご注意ください。

まとめ

会社の副業のルールを確認してから、副業を始めよう

Q4

なぜ税務署は副業に気づくことができるの?

A4

副業先が税務署に提出する書類などで、気づくことができるよ

会社が副業に気づくのは、どんなケースかは分かっていただけたんじゃないかと思います。では、なぜ、税務署は副業に気づくことができるのでしょうか。実は、税務署には次のように副業に関する情報が入ってきているので、副業にも気づくことができるのです。

1 副業先が提出した給与の「源泉徴収票」

副業先では、副業のアルバイト（源泉徴収税額表の乙欄適用の人）の年間給与額が50万円を超える場合には、税務署に「源泉徴収票」を提出して、その給与額をお知らせしています。そのため、副業のアルバイトの年間給与額が50万円を超えているのに確定申告をしていない場合には、税務署がその副業に気づく可能性があるでしょう。

2 副業先が提出した外注の「支払調書」

副業先では、外注の年間報酬額が一定金額を超え、所得税を源泉徴収している場合には、税務署に「支払調書」を提出して、外注の報酬額をお知らせしています。したがって、所得税が源泉徴収されていて、源泉徴収後の報酬を受け取っている場合には、税務署があらかじめ副業の収入を把握している可能性があります。

3　副業先が市区町村に提出した「給与支払報告書」

市区町村には、基本的に、給与収入に関するすべての情報が入ってくると言っても過言ではありません。会社が毎年１月に「給与支払報告書」という書類を従業員の住む市区町村に提出しているからです。そのため、２か所以上から給与から受け取っているのに、確定申告をしないでいると、副業の給与額によっては、市区町村から、「確定申告をする必要があるのではないでしょうか」というようなお尋ねがくることがあります。このお尋ねによって、確定申告書を提出することになると、結果として、税務署は副業に気づくことになります。

4　税務調査

副業先や副業の商品販売先などに税務調査が入ると、反面調査（報酬や代金を支払った相手先の調査）を行うことがあります。その反面調査を行う中で、確定申告していない副業に気づくこともあります。

5　証券会社が提出した「支払調書」や「年間取引報告書」

証券会社で行った株式売買などの取引は、基本的に税務署に筒抜けです。証券会社では、一般口座の株取引やＦＸ取引、先物取引は、税務署に「支払調書」を提出して、１年間の取引情報をお知らせすることになっています。そのため、一般口座の株取引やＦＸ、先物取引で確定申告すべきものを確定申告しないでいると、税務署からお尋ねがくることになるでしょう。また、証券会社では、特定口座における株取引については、「年間取引報告書」という書類を税務署に提出して、１年間の取引情報を報告しています。

6　サイバー税務署の調査

国税庁では、全国の税務署に電子商取引専門調査チーム（サイバー税務署）を設置していて、インターネット取引を監視しています。例えば、ネットショップでの商品売買取引などのインターネット履歴などを、このサイバー税務署がパトロールして確認しています。そのため、ネットショップで繰り返し商品売買をしていて売上実績もあるのに、確定申告をしていない場合には、税務署からお尋ねなどが来る可能性もあるでしょう。

7　最近の動向

最近では、ＡＩやデータ分析ツールなどを利用した調査が行われているといわれています。特にインターネットを通じて取引を行う個人に対する調査が強化されています。シェアリングエコノミー、アフェリエイト、デジタルコンテンツ、ネットショップ、ネットオークションなどを行う事業者の調査が積極的に行われているようです。また、株式や不動産の投資家などの富裕層に対する調査も強化されている傾向にあります。

個人事業主が提出する「青色決算書」については、令和5年度から売上先や仕入先のインボイス番号の記載が求められるようになりました。税務署としても、売上先や仕入先をインボイス番号で紐づけて把握することができるようになり、より税務調査が行いやすい環境が整っています。その他には、国税庁のウェブサイトでは、「課税・徴収漏れに関する情報の提供」を行うことができるようになっており、課税漏れの密告ができるような取組みも行われています。

まとめ

税務署には売上や給与に関する情報がたくさん集まってくるので、副業にも気づくことができる

副業の税金キーワード②

1　源泉徴収税額表の甲欄、乙欄、丙欄

源泉徴収とは、会社が従業員の給与にかかる所得税という税金を毎月の給与から天引きし、代わりに国に納付（前払い）する制度です。

給与から源泉徴収する所得税は、国税庁の源泉徴収税額表で定められています。正社員などで「扶養控除等申告書」を会社に提出している場合には、この税額表の**甲欄**にもとづいた税額で源泉徴収がされます。また、副業のアルバイトなどで「扶養控除等申告書」の提出がない場合には、税額表の**乙欄**にもとづき源泉徴収がされます。日雇いで働いている場合には、税額表の**丙欄**にもとづき源泉徴収が行われます。

年末調整については、甲欄の場合には会社が年末調整をしてくれます。しかし、乙欄と丙欄の場合には、会社では年末調整をしてくれませんので、自ら確定申告しなければならない

場合もありますので、注意しましょう。

2 「源泉徴収票」と「給与支払報告書」、「支払調書」

「**源泉徴収票**」とは、1年間の給与額や源泉徴収税額などが記載された書類です。会社は、この「源泉徴収票」を従業員に渡すほか、1年間の給与額が、５００万（甲欄の人）を超える場合や50万円（乙欄・丙欄の人）を超える場合には、税務署にも提出します。

「**給与支払報告書**」に記載されている内容は、「源泉徴収票」と基本的に同じ内容です。会社が市区町村に提出する場合に、この名称で呼ばれています。この「給与支払報告書」にもとづき、サラリーマンの住民税が計算されます。

「**支払調書**」とは、外注などの報酬を支払った場合などに会社が作成する書類です。報酬金額や源泉徴収額が記載されています。原稿料や、デザイン料、講演料、税理士の報酬などについては、会社は1年間の報酬額が5万円（消費税込）を超える人の「支払調書」を税務署に提出します。副業で報酬の支払いを受けていて、税金が源泉徴収されているようであれば、この報酬にかかる源泉所得税が徴収されているケースが多いです。報酬額が5万円を超えているようであれば、税務署にあらかじめ副業の収入に関する情報が届いている可能性が高いでしょう。

なお、「支払調書」を支払先の相手に送付するかどうかは、会社が任意に決めていいことになっています。一般的には、会社のサービスの一つとして、支払調書を支払先に送付しているケースが多いようです。

また、「源泉徴収票」、「給与支払報告書」、「支払調書」の共通点として、マイナンバーが記載されています。そのため、個人の収入の紐づけも簡単ですので、税務署も昔に比べれば、圧倒的に副業を把握しやすい環境になっています。

Q5

**副業を確定申告していないことに、
税務署が気づいたらどうなるの?**

A5

**所得(儲け)があれば、
税金と罰金(罰金的税金)を合わせて
支払うことになる可能性があるよ**

1　副業の税金の納付

Ｑ４を読んでいただき、税務署もさまざまな方法で、副業の情報を手に入れることができることは、分かっていただけたんじゃないかと思います。だから、確定申告していないことに税務署が気づいたときには、「確定申告書が提出されていないようですが…」といったようなお尋ねが、電話や手紙でやってくるのです。そして、「サラリーマンとしての給与収入と副業収入を合わせた金額で確定申告してください。税金の支払いも早めにお願いします」というような流れになります。これが電話だけで済むか、税務調査にまで発展するかはケースバイケースです。例えば、副業がアルバイトの給与収入で少額であれば、単純に「２つの収入を合わせて確定申告してください」という電話対応だけで済むかもしれません。でも、ネットショップの販売サイトで商品売買を繰り返し行っているような場合には、税務署も詳しく調査して実態を解明しないと正しい税金を計算することができません。そのため、「正しい税金計算をするために、税務調査をさせてください」という話の流れになりやすいのです。

2　罰金（罰金的税金）の納付

税務署に指摘されてから確定申告して税金を納付したといったような場合には、税金だけの支払いでは済みません。税金の支払いのほかに、**加算税や延滞税**といった罰金も発生し、高額な税金の支払いになることもあります。加算税は追加で支払うことになる税金に対して10%～20%の金額が罰金となります。延滞税は延滞利息ですので、延滞日数に応じての罰金を支払わなければなりません。さらに、副業の収入を確定申告していなかったことについて、税務署が悪質だと判定したような場合には、加算税に代えて、重加算税という罰金を支払わなければならなくなることもあります。これは追加で支払うことになる税金に対して35%～40%の金額が罰金となる、とても高額な罰金です。

なお、脱税した金額が巨額にのぼる場合は、最悪、所得税法違反となり、懲役（10年以下）や罰金（１０００万円以下）になる可能性もあります。

まとめ

税務署に指摘されて税金を支払う場合には、税金以外に罰金の支払いも発生するので注意しよう

Q6

副業には、
どんな税金がかかるの?

A6

所得税と住民税という
税金がかかるよ。
売上規模や副業の種類によっては
その他の税金もかかることがあるよ

副業にかかる主な税金は、所得税と住民税です。
まずは、この2つの税金を中心に学ぶようにすると良いでしょう。

1　所得税と住民税

サラリーマンなどの個人に対しては、給与収入と同じように、副業収入に対しても、所得税と住民税（所得割）がかかります。どちらも所得（儲け）に対して税金を計算します。所得税は国に、住民税は住んでいる市区町村や都道府県に対して支払う税金です。所得税の税率は、所得が増えれば税率も高くなる**累進課税**（5％～45％）になっています。一方、住民税の税率は、基本的に**一律10％**（市区町村民税6％・都道府県民税4％）です。また、住民税は所得割のほかに、**均等割**といって一人当たりに決められた定額の税金もかかります。均等割の一般的な税額は、市区町村民税3500円、都道府県民税1500円となっています。均等割の税額については、地方自治体で決めることができますので、地方自治体ごとで税額のバラつきは多少あります。

2　事業税

その他に副業にかかる可能性がある税金は、都道府県に支払う事業税という税金です。こちらも所得（儲け）に対して税金を計算するのですが、**事業主控除**といって所得から差し引くことができる金額が２９０万円もあります。そのため、売上規模が大きな副業でなければ、事業税がかかる可能性は低いです。また、そもそも事業税は**法定の70の業種**の事業だけにかかる税金です。例えば、次のような職種の副業など、事業税がかからない副業も多くあります。ライター、翻訳業、通訳業、画家、漫画家、プログラマー、芸能人、スポーツ選手、ミュージシャンなど。ただし、この事業税がかからない判定基準は都道府県によって異なる可能性もありますので、あらかじめ都道府県に自分が行う副業の業種には事業税がかかるのかを確認しておくと良いでしょう。

事業税の申告は、所得税の確定申告をすると、都道府県にも所得金額等のデータが届きますので、別途、申告する必要はありません。業種は、所得税の確定申告書第一表の職業欄に記載された業種で判定されますので、職業欄の記載には注意しましょう。なお、事業税の税率は、業種ごとに定められていて、３％～５％となっています。

3　消費税

消費税については、基本的に前々年の売上が１、０００万円超になるまでは免税事業者となり、税金の納付が発生しません（前年の前半６か月で判定する特例あり）。そのため、売上規模の大きな副業でなければ、消費税の納付が発生する可能性は低いです。

しかし、**令和5年10月からインボイス制度が始まり**一筋縄ではいかなくなりました。消費税は売上にかかる消費税から仕入れにかかる消費税を差し引いて、税金を計算します。でも、インボイス制度が始まり、原則的な計算方法の場合は、インボイス発行できない免税事業者からの仕入れにかかる消費税は差し引くことができなくなったのです（経過措置期間があり、当初３年は８割、その後３年は５割と段階的に差し引くができる金額が少なくなります）。そのため、免税事業者とは値引き交渉をしたり、取引自体を減らそうとする事業者も出てきています。したがって、副業の**売上先が事業者**（**B to B取引**）の場合には、インボイスの発行ができた方が売上につながりやすいなどのメリットがあるときは、免税事業者を自らやめて、インボイス発行する課税事業者になることを検討します。一方、副業の**売上先が一般消費者**（**B to C取引**）**のみ**で今後も事業者と取引する予定がない場合には、売上先で消費税計算するわけではないので、免税事業者のままでいても基本的にデメリットはないです。

課税事業者が消費税の確定申告をする場合、消費税の確定申告書を3月31日までに税務署に提出する必要があります。消費税の計算方法については、「副業の税金キーワード④」をご参考にしてください。

4 印紙税・固定資産税

その他の副業にかかる税金としては、印紙税があります。**5万円以上の領収書**を発行するときや、外注の請負契約書を作成するときなど、一定の書類を作成するとかかる税金で、基本的に書類に収入印紙を貼り付けることで納付します。

その他には、固定資産税という税金もあります。これは、土地や建物、償却資産を所有していることに対してかかる税金です。ただし、償却資産は**150万円以上の資産を所有**していないとかかりません。そのため、不動産賃貸などの副業を行う場合にかかることが多い税金です。

まとめ

副業を始めたら、まずは所得税と住民税の2つの税金を攻略しよう

Q7

**副業の所得（儲け）に対して
かかる所得税は、
どのように計算するの？**

A7

**副業の種類ごとに
所得（儲け）の区分が違うので、
まずは副業を所得区分ごとに分け、
所得税を計算するんだよ**

所得税は、私たちの**所得を10個の所得区分に分け、まずはその所得区分ごとに所得を計算します**。所得は、収入から経費を差し引いて計算します。

サラリーマンの給与や副業などの所得区分は、次のとおりです。

①給与所得　正社員、アルバイト、日雇いバイト、派遣社員の給与など

②退職所得　正社員の退職金など

③事業所得　「事業」として行う、ネットショップ、フリマアプリ、アフィリエイト、シェアリングエコノミー、ユーチューバー、ライター、デザイナー、イラストレーター、カメラマン、エンジニア、芸能人、ミュージシャン、スポーツ選手、講師、通訳翻訳、士業、コンサルタント、コーチ、外注による請負や委任収入など

④不動産所得　アパート賃貸、マンション賃貸、土地の貸付けなど

⑤譲渡所得　土地の売却、建物の売却、株式の売買など

⑥利子所得　預金の利子や投資信託の利子など

⑦配当所得　株や出資の配当など

⑧山林所得　山林伐採や立木の売却など

⑨一時所得　生命保険の満期保険金や賞金の受取り、競馬の払戻金など

⑩雑所得　①～⑨以外の所得。公的年金や個人年金の受け取り。ＦＸや仮想通貨の取引。③の事業所得のある例示で「事業」に該当しないもの

※副業（アルバイト、株式投資、不動産投資を除く）の多くは、この雑所得に該当するケースが多いです。

このように、サラリーマンの給与や副業の収入は、それぞれの所得区分に分け、その区分ごとに所得を計算します。各所得区分の詳しい所得計算については、第３章で見ていきたいと思います。

まとめ

副業を各所得区分ごとに分けて、各所得区分ごとに所得（儲け）を計算する

副業の税金キーワード③

1　事業所得と雑所得

副業の所得区分で分かりにくいのは、事業所得と雑所得の違いです。それぞれの所得の判定方法を少し確認しておきましょう。

事業所得か、雑所得かの判定は、令和４年10月に所得税の基本通達の改正が行われ、以前に比べると明確になりました。**社会通念上事業と称するに至る程度で行っているか、取引を記録した帳簿書類の保存があるか、**の２つの基準により判定を行います。社会通念上事業と称するに至る程度かは、これまでと同様に①指揮命令は自分か、②毎日継続してやっているか、③その取引を繰り返し行っているかなどにより総合的に判定します。取引を記録した帳簿書類の保存があるかについては、収入金額が３００万円以下の場合には、帳簿書類の保存がないと雑所得になります。収入金額が３００万円超の場合には、事業所得と認められる事実がなく、かつ取引を記録した帳簿書類の保存がないと雑所得になります。

以上の判定方法を整理すると、次の表のようなイメージとなります。収入金額が３００万円以下で帳簿書類の保存がない場合に雑所得になりやすいです。

事業所得と雑所得の判定方法

	取引を記録した帳簿書類あり	取引を記録した帳簿書類なし
収入金額300万円超	社会通念上で判定 ※概ね事業所得になる	社会通念上で判定または雑所得
収入金額300万円以下	社会通念上で判定 ※概ね事業所得になる	雑所得

2　「収入」と「所得」

事業所得や雑所得では、「収入」と「所得」という用語が使われますので、その違いを把握しておきましょう。

「収入」とは、売上（商品やサービス代）と売上以外の副収入を合わせたものを言います。

一方、「所得」とは、収入から経費（経常費用）を差し引いた儲けのことです。

このように「収入」と「所得」には大きな違いがありますので、用語の違いには注意するようにしましょう。

収入のイメージ

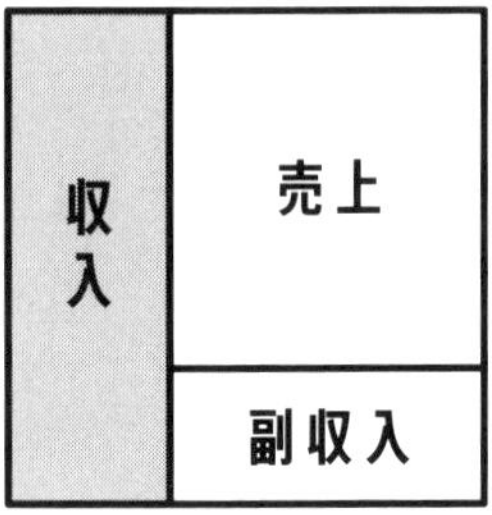

所得のイメージ

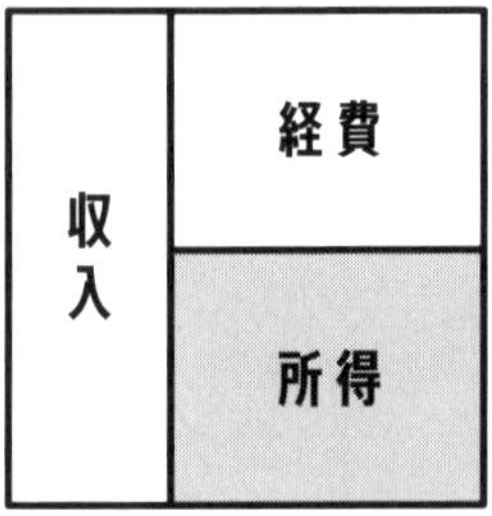

Q8

**副業を始めたら、
税務署に何か知らせる
必要があるの?**

A8

**事業所得や不動産所得の
副業でなければ、
税務署に知らせる必要はないよ**

さて、確定申告すべき副業の収入を確定申告しないでいると、後で大変なことになるかもしれないというのは分かっていただけたんじゃないかと思います。それでは、副業を始めたときには、税務署に何か届出書を提出して、副業の開始を知らせておく必要があるのでしょうか。答えはというと、必ずしも知らせる必要はありません。副業が事業所得や不動産所得に該当しなければ、税務署に知らせる必要はないのです。副業が雑所得など事業所得や不動産所得以外の所得である場合、そもそも税務署に提出する届出書自体が存在しません。だから、気軽に副業を始めても大丈夫です。ただし、確定申告をする必要がある場合には、副業分の収入も基本的に合算して確定申告することになりますので、確定申告の際には忘れないように注意しましょう。

まとめ

事業所得や不動産所得以外の雑所得などの副業であれば、副業の開始を税務署に知らせる必要はない

Q9

副業でいくら所得（儲け）があると、確定申告しなければならないの？

A9

基本的に20万円を超える所得（儲け）があったら、確定申告が必要だよ

1　確定申告が必要な場合

所得税の確定申告とは、税務署に確定申告書を提出して、1年間（1月1日～12月31日）の所得とその所得に対する納付所得税を報告する制度です。確定申告書の提出先は、原則として住所地を所轄する税務署です。なお、住民税については、所得税の確定申告をすると、市区町村にも所得金額等のデータが届きますので、別途、住民税の申告をする必要はありません。

サラリーマンが副業している場合で、所得税の確定申告をしなければならないのは、次のようなケースです。

・副業がアルバイトなどの給与収入のケース
…副業の給与収入（①）が**20万円を超える**人

・副業が雑所得など給与収入以外のケース
…副業の所得（②）が**20万円を超える**人

・副業がアルバイトと雑所得など給与収入以外の2つのケース
…①＋②の合計額が**20万円を超える**人

副業が雑所得のみの場合、収入から経費を差し引いた所得金額が20万円を超えると確定申告しなければなりません。収入が１００万円で、経費が90万円、所得金額が10万円の場合には、確定申告する必要はありません。

2　副業とは関係なく、確定申告する必要がある場合

副業の確定申告をする必要がなくても、医療費控除や寄付金控除などの所得控除を受けるために確定申告を行うことがあります。このような場合に確定申告をするときは、副業の雑所得が20万円以下の場合などであっても、これを所得として計上して、確定申告しなければならないことになっています。つまり、所得が20万円を超えているかの判定は、確定申告が必要かどうかの判定にすぎず、確定申告するなら、たとえ副業の雑所得が20万円以下であっても、雑所得として所得計上しなければならないのです。

なお、副業が事業所得の場合で、青色申告特別控除などの青色申告の特典を受けようとするときは、確定申告書の提出が必要になります。

3　確定申告書の様式

令和４年分の確定申告からは、これまで給与所得や公的年金の雑所得を申告する際に使用していた確定申告書**A様式**がなくなりました。事業所得や不動産所得などを申告する際に使

用していた確定申告書**B様式**に様式が統一されました。したがって、以前のように確定申告書の様式の選択で迷うことはなくなりました。なお、確定申告書は、第1表、第2表、第3表（分離課税用）、第4表（損失申告用）の合計4表で構成されます。

4　所得税では確定申告不要でも、住民税では確定申告が必要な場合

住民税は、所得税とは異なり、副業の雑所得が20万円を超えない場合でも、副業の雑所得を確定申告しなければならないことになっています。そのため、所得税で確定申告をする必要がなくても、住民税では別途、住民税の確定申告書を作成し、市区町村に提出する必要があります。

まとめ

副業の所得（儲け）が20万円を超えたら、確定申告をしよう

Q10

副業でも青色申告ってできるの?

A10

副業が
事業所得や不動産所得であれば、
青色申告することもできるよ

1　青色申告の届出

青色申告とは、日々の取引を帳簿に記録し、その帳簿にもとづいて所得税を計算し、確定申告する制度です。所得区分が事業所得、不動産所得、山林所得の場合に、青色申告により確定申告をすることができます。

ただし、事前に「青色申告承認申請書」を税務署に提出する必要があります。提出期限は、原則、**青色申告をしようとする年の3月15日**までです。ただし、1月16日以降に新たに事業を開始した場合には、事業を開始した日から2か月以内に提出する必要があります。

事業所得の「事業」に該当するかは、「副業税金のキーワード③」にもあるように、副業の内容を総合的に判断して判定します。判定の結果、「事業」に該当し、新たに「事業」の開始に該当するようであれば、税務署に「**個人事業の開業届出書**」、「**青色申告承認申請書**」を提出します。「個人事業の開業届出書」の提出期限は、新たに事業を開始した日から1か月以内です。

一方、不動産所得の場合に、「事業」に該当するかの判定には、もう少し目安的な判定基準があります。次のような取引規模の不動産所得の場合には、一般的に「事業」に該当するとされています。

・家屋の貸付けが、**5棟以上**の場合
・マンションやアパートの貸付けが、**10室以上**の場合

2 青色申告はお得！

副業は、「事業」として、青色申告をした方が、税金の支払いを減らすことができるので、お得になるケースが多いです。例えば、青色申告の場合には、次のような税金を減らすことができる青色申告の特典を受けることができます。ここではフーンお得なんだぁと認識しておいてもらえれば大丈夫です。本書を読み終えてから、このページに戻って読み返すと、より理解も深まると思います。

（青色申告の特典）

・青色申告特別控除として、65万円（電子申告などが要件）または55万円、もしくは10万円を経費にできる
・事業所得に損失が出たら、給与所得などと相殺して税金を減らすことができる
・損失が他の所得と相殺しきれない場合は、翌年以降3年間に渡って、損失を繰り越すことができる。
・30万円未満の減価償却資産を経費にできる（年間合計３００万円まで）

以上のように、青色申告をすると、税金を減らすことができる青色申告の特典を受けることができます。そのため、可能な限り、副業を「事業」とし、青色申告をすると良いでしょう。

3　白色申告

青色申告ではない申告を白色申告と言います。白色申告の場合には、青色申告の特典は受けることができませんが、青色申告よりも簡易な帳簿付けが認められています。帳簿付けは簡単に済ませて副業にもっと力を入れたいといったような場合には、青色申告ではなく、白色申告も選択肢の一つになるでしょう。

まとめ

副業が「事業」として青色申告できれば、白色申告に比べて節税できる

Q11

副業の収入を確定申告すると税金が還付されることがあるって聞いたけど、本当なの?

A11

副業収入から源泉徴収された税金があれば、その税金の一部が戻ってくる可能性があるよ

1　副業収入から源泉徴収された税金がある場合

副業収入を確定申告して、税金が還付される可能性があるのは、副業収入を受け取る際に源泉徴収された税金（前払い税金）がある場合です。

例えば、副業の原稿料を受け取る場合、収入に対して10・21％の税率で源泉徴収され、源泉徴収後の金額が預金口座などに振り込まれます。始めて振り込まれた際には、これを知らずに会社が振込金額を間違えて少ない金額を振り込んだんじゃないかとも思いたくもなりますが、間違いじゃないんです。振込金額が予想よりも少ないときには、この源泉徴収が関係している可能性があります。１００万円の収入でしたら、源泉徴収された10万２１００円が差し引かれて振込が行われます(会社は源泉徴収した税金を税務署に納付します)。この１００万円の収入に対して、もし、経費が50万円かかったとしたら、どうでしょう。収入から経費を差し引いた所得は50万円ですので、税率が10・21％で同じなら、最終的な税金は5万１０００円になります。この場合、源泉徴収された税金と最終的な税金との差額、5万１１００円が確定申告をすると還付されることになります。

つまり、振り込みの段階で、源泉徴収がされているような収入の場合には、その収入に対する経費を差し引いて確定申告をすることで、税金が還付される可能性があります。

2　副業が事業所得で損失が発生している場合

副業が事業所得で青色申告していて損失が発生した場合には、これをサラリーマンの給与所得など、他の所得と相殺することができます。例えば、給与所得が１００万円で、５万円の税金が源泉徴収されているとしましょう。この場合に、事業所得に１００万円の損失があれば、相殺されて所得は０円となるため、納付する税金は発生しません。したがって、５万円の税金がまるまる還付されることになります。副業が雑所得の場合には、給与所得など他の所得との相殺ができませんので、雑所得と比べ事業所得の方が節税メリットが多くあることを分かっていただけたんじゃないかと思います。

まとめ

源泉徴収済の場合、確定申告で税金が還付される可能性がある。事業所得の損失は、他の所得と相殺できる

Q12

副業でも税務調査が入ることってあるの?

A12

副業で税務調査が入りやすいのは、
確定申告をしていない場合や
副業の売上規模が大きい場合だよ

税務調査では何が調査されるかというと、所得（儲け）が正しく計算されているかです。売上の請求書や経費の領収書と日々の取引を記録した帳簿を突合して、税金計算が正しく行われているのかのチェックを行います。税務調査で、特に確認される項目としては、①金額が正しいか、②売上や仕入の計上のタイミングは正しいか、③売上の計上もれはないか、④源泉所得税の徴収もれはないか、などです。

それでは、副業を行っている場合、どんな人やどんなときに税務調査が入りやすいのでしょうか。具体的に見ていきましょう。

1　確定申告していない場合

Q４でもあったように、税務署には様々な情報網があり、売上などに関する情報を入手しています。だから、確定申告をすべき人が確定申告をしていない場合には、税務署もそれに気づいてお尋ねの電話や手紙がやってくるのです。この場合に、確定申告していない売上金額が大きいようであれば、そのまま税務調査へと発展することもあります。また、巨額で悪質な脱税が疑われるようなケースであれば、映画のようにマルサ（国税局査察部）がある日突然やってきて強制捜査が始まるなんてこともあります。

最近、特に税務調査の対象になりやすいのが、ネットショップなどのインターネット取引です。最近では、サイバー税務署がインターネット上をパトロールしています。ネットショップなどで商品売買を繰り返しているのに、確定申告していなければ、税務署もそれに気づいて、お尋ねがくる可能性があります。

2　売上規模が大きい場合

税務調査は基本的に税金の取立てのために行われます。だから、税務調査の対象になりやすいのは、売上規模が大きいことも条件の一つです。売上規模が大きく、経費の金額が不自然だと、税務調査のターゲットになりやすいです。税務署では、過去の確定申告の蓄積されたデータから、同業他社の経費割合や経費金額の傾向は確認することができます。だから、それら過去のデータと比較して、異常な経費割合であったり、異常な金額の経費の支払いがあると、税務署でも異常に気づき、税務調査の対象になりやすくなるのです。また、売上が現金で入金されるような職種についても、売上の除外が行われやすいため、調査の対象になりやすいようです。

3　過去に申告漏れが多い職種の場合

過去に申告もれが多い職種は、本業、副業問わずに、税務調査が入りやすいです。国税庁の「令和4事務年度における所得税及び消費税調査等の状況について」の中で、申告もれが多い業種の申告もれの所得（儲け）の平均額が出ていますので、確認しておくと良いでしょう。

1	経営コンサルタント	3367万円
2	くず金卸売業	2483万円
3	ブリーダー	2075万円
4	焼肉	1611万円
5	タイル工事	1598万円
6	冷暖房設備工事	1520万円
7	鉄骨、鉄筋工事	1440万円
8	太陽光発電	1391万円
9	バー	1391万円
10	電気通信工事	1374万円

まとめ

売上規模が大きく、税務調査の入りやすい職種の場合には、税務調査に注意しよう

Q13

**税金がかからない
副業ってないの?**

A13

**税金がかからないとされている
収入もあるよ**

税金のかからない副業があればいいのにと、誰もが思うかもしれませんが、税金がかからない副業はあまりないです。でも、所得税では税金がかからないとされている収入、非課税収入もいくつか決められているので、それに当てはまる収入であれば税金はかかりません。副業にあてはまらないようなものも含まれているかもしれませんが、いくつか見ていきましょう。

1　新NISAやiDeCo（個人型確定拠出年金）口座での株式運用益

株式の売買をする場合に、証券会社などの新ＮＩＳＡ口座やｉＤｅＣｏ口座での、株式の売却益や配当であれば税金がかかりません。本来であれば、売却益や配当に対しては、約20%の税金がかかるのですが、これらの口座での取引であれば、国内では税金がかかりません。

令和6年度から、投資期間が恒久化された**新NISA制度**がスタートしました。以前の一般ＮＩＳＡは、新ＮＩＳＡ制度の「**成長投資枠**」として毎年２４０万円まで、以前のつみたてＮＩＳＡは、「**つみたて投資枠**」として毎年１２０万円までの投資分の運用益に対しては税金がかからずに投資ができます。生涯の税金がかからない投資限度額は、１８００万円（うち成長投資枠１２００万円）になります。

一方、**iDeCo**口座は、60歳まで引き出しをせずに運用を続ける口座です。毎年14万４

000円～81万6000円（掛金の最高額は加入者条件により異なる）までの投資信託、保険商品などを購入して資産運用でき、これらの運用益に対して税金はかかりません。運用期間終了後は、一括で受け取れば退職所得となり、収入から退職所得控除を差し引くことができます。一方、年金形式の方法で受け取ることも可能です。年金形式で受け取る場合には雑所得になり、収入から公的年金等控除を差し引くことができます。

2　宝くじの当選金など

年末ジャンボ宝くじ、ナンバーズ、ロト6、ｔｏｔｏなどの当選金については、いくら高額な金額が当選しても、税金がかかりません。

その他にも、オリンピックのメダリストへＪＯＣから贈られる報奨金やノーベル賞の賞金にも税金がかかりません。これらの報奨金や賞金をゲットする機会は少ないかもしれませんが、ゲットした場合には誤って確定申告しないようにしましょう。

3　洋服や本など生活用品の売却益

フリマアプリなどで、日々の生活で使っていた洋服や本などの生活用品を売却して売却益が出ても税金はかかりません。そもそも、売却益が出るほど高く売れることは少ないのかもしれませんが。一方、フリマアプリなどで、仕入れた商品を販売するなど商品売買をした場合には、生活用品の売却ではありませんので、売却益が発生した場合には、事業所得や雑所得として税金がかかることになります。

まとめ

新NISAやiDeCo口座内の資産運用は税金がかからないので、お得

Q14

副業でも確定申告を
税理士に依頼する必要があるの?

A14

まずは自分で確定申告に
チャレンジすることをおススメするよ

1　まずは自分でチャレンジしよう

始めて確定申告するときは、自分で申告できるのかなと不安になったり、税理士に頼めばラクできるかもと思ったりするものです。でも、ちょっとお待ちください。次のような理由から、まずは自分で確定申告にチャレンジしてみることをおススメします。

①副業の経営力がつく

自分で帳簿付けを行い、所得の計算をするので、副業の経営の振り返りや検証を行うことができます。こうした副業の経営の振り返りと検証は、今後の副業の売上アップや儲けアップに活かしていくことができます。将来的に副業を本業にしようと考えているならば、日々の取引量が少ない副業のうちに、帳簿付けや税金の計算を経験して将来に備えるのも良いでしょう。

②シンプルで簡単な計算

小規模な売上の副業や年間の取引件数の少ない副業であれば、副業の所得は、売上と経費を少し集計するだけのシンプルで簡単な計算になることが多いです。そのため、本書を読んでいただくだけでも、自分で確定申告することができるようになるんじゃないかと思います。

③税金の無料相談を利用しよう

税金の無料相談も、税務署や税理士会、市区町村などでやっています。もし、確定申告書の作成方法が分からなくても、これらの税務相談会に参加して、税務相談をしながら確定申告書を作成することもできます。自分で確定申告書の作成にチャレンジして分からない点があれば、無料相談なども活用しながら、確定申告書の作成を進めると良いでしょう。

④税理士報酬を節約できる

税理士に依頼するとせっかく稼いだ副業の儲けから、税理士報酬を支払わなければならなくなります。小規模な売上の副業でも、確定申告費用として5万円~10万円くらいの税理士報酬がかかる可能性があります。税理士に頼らず、自分で確定申告することができれば、この報酬にかかるお金を節約でき、自分や家族のためにお金を使うことができます。

2　税理士に頼んだ方が良いケース

そうは言っても、確定申告書を作成するのが面倒なんだけどという人もいるかと思います。

特に、1年間の経費の領収書がたまってしまって面倒だったり、本業や副業が忙しくて確定申告書を作成する時間がないといった場合もあるかと思います。そういう場合には無理せず、税理士に確定申告を依頼してしまうのも一つの手です。

また、今後、副業を事業として成長させていきたい場合や、副業を活かして会社を設立しようと思っている場合などには、経営に強く、経営相談もできる税理士に確定申告を依頼すると良いでしょう。

まとめ

- **まずは自分で確定申告にチャレンジしてみよう**
- **難しければ、無理せず税理士に依頼しよう**
- **副業を成長させたいなら、経営相談もできる税理士に！**

Q15

副業でも国からの「給付金」や「補助金」をもらうことができるの？

A15

副業であっても、事業所得として確定申告するなど、「給付金」や「補助金」の申請要件を満たしていれば、申請することはできるよ

副業でも、税務署に開業届を提出して、事業所得として申告していれば、国からの「給付金」や「補助金」の支給対象となるケースがあります。

令和2年度のコロナ禍で実施された、事業の損失を補填する「持続化給付金」は、事業所得が副業であっても、前年に比べ50％以上売上が減っているなど一定の要件を満たせば、給付金を受給することができました。フリーランスで雑所得や給与所得に該当する場合も救済的に給付金の申請対象になりましたが、給付金を受給するための準備書類等が事業所得に比べて複雑でした。

また、小規模事業者の販促活動などの経費を補助してくれる「小規模事業者持続化補助金」についても、税務署に開業届を提出していて、事業所得として申告しているのであれば、補助金の申請をすることは可能です。補助金がもらえるかどうかは、事業計画次第になりますが、補助金の申請自体は行うことができます。こうした補助金活用の場面でも、副業を事業所得で申告しておいた方が、お得になる可能性があります。

まとめ

事業所得に該当すれば、「給付金」や「補助金」の申請対象になりやすい。その他の所得でも申請できる可能性がある

Q16

**副業なので、確定申告を
簡単に済ませる方法はないの？**

A16

**副業が給与所得や雑所得であれば、
スマホで簡単に
電子申告することもできるよ**

今はスマホ一つで確定申告できる時代です。スマホのタッチパネルが入力できる環境にあれば、家でも通勤中の電車でも、スマホで電子申告（e－Tax）することが可能です。ただし、スマホで電子申告できる副業の所得は、今のところ、給与所得、雑所得、一時所得の3つの所得に限られています。決算書の作成が必要な事業所得や不動産所得の場合には、スマホで電子申告ができません。電子申告する場合には、パソコンから電子申告することになりますので、気を付けましょう。

1　スマホで簡単に電子申告

スマホで国税庁ホームページにアクセスして、「確定申告書作成コーナー」で確定申告書を作成し完成させます。確定申告書が完成しましたら、その確定申告書をスマホのe－Taxアプリを利用して、税務署に電子申告します。

2　スマホ電子申告のために準備するもの

スマホで電子申告するためには、事前に「電子申告等開始届出書」を税務署に提出する必要があります。届出書は、インターネットでも提出することができます。提出すると電子申告する際に必要な利用者識別番号が与えられます。

電子申告（e‐Tax）は、次のいずれかの方式により行うことができますが、選択する方式によって事前に準備するものが異なります。希望する方式に必要なものを準備するようにしましょう。

①マイナンバーカード方式
マイナンバーカード、マイナンバーを読み取ることができるスマホ

②ID・パスワード方式
ID・パスワード※

※所轄税務署で直接取得します。取得には身分証明証が必要です。

3　確定申告書を作成するために準備するもの

確定申告書を作成するために次のような書類を事前に準備しましょう。

・売上や経費の帳簿書類
・給与所得の源泉徴収票や報酬の支払調書など
・所得控除や税額控除を受けるために必要な資料
・予定（中間）納付がある場合には、予定納付額の分かる資料

4　電子申告以外の確定申告

電子申告が難しい場合には、次のように電子申告以外の方法で確定申告をすることもできますので、いずれかの方法で確定申告書を税務署に提出するようにしましょう。

①印刷した確定申告書を税務署に持っていく（受付時間外は、時間外収受箱に投函します）

②印刷した確定申告書を税務署に郵送する（消印日が提出日になります）

ただし、令和7年1月から確定申告書の控えに税務署の収受日付の押印が行われなくなります。確定申告書の控えを金融機関などに提出する必要がある場合などには、電子申告により確定申告することをお勧めします。

まとめ

副業が給与所得や雑所得なら、スマホで簡単に確定申告できる

Q17

確定申告は
いつまでにすればいいの?

A17

原則として、2月16日～3月15日が
申告期限になるよ。
税金の還付を受ける申告の場合には、
少し早めに申告することができるよ

1　申告期限の原則

所得税の確定申告の申告期限は、基本的には**2月16日から3月15日**です。3月15日が土曜日や日曜日の場合は、翌月曜日が申告期限になります。事業所得を青色申告している場合には、この申告期限を過ぎると青色申告の特別控除（65万円または55万円）などの青色申告の特典を受けることができなくなるので、注意が必要です。その他にも税金計算において特例を利用する予定の場合には、申告期限を過ぎて申告すると特例を利用できなくなることもありますので、申告期限に注意して申告するようにしましょう。

2　還付申告の場合

案外知られていないのが、還付申告の場合の申告期限です。還付申告の場合には、2月16日を待たずして、**1月1日**から確定申告することができます。早く税金の還付を受けたい場合には、早めに申告資料を集めて税金計算し、確定申告するようにすると良いでしょう。また、還付申告の場合には、申告期限後に確定申告しても基本的に罰則などはありません。納付する税金が発生しないため、それに対応する加算税や延滞税も発生しないからです。ただし、申告期限後の申告になるため、青色申告やその他税金の特例を受けようする場合にはその適用を受けることができなくなるケースもあるので、要注意です。還付申告は5年前まで遡って行うことができますので、過去に還付申告し忘れているものがありましたら、今からでも還付申告するようにしましょう。

3　コロナなどの災害があった場合

新型コロナウイルスの感染症などの災害があった場合には、申告期限の延長が認められることもあります。令和4年度においては、新型コロナウイルスの感染症の影響で申告期限までに申告できないときは、税務署に「**災害による申告・納付等の期限延長申請書**」**を提出して承認を受ける**ことで、申告期限の延長をすることができました。延長期間は、その理由がやんだ日から2ヵ月以内の範囲内で個別に指定した期間です。このように、新型コロナなどの災害の影響により申告期限の延長が認められる可能性もあります。国税庁ホームページやニュースなどで申告期限の情報を入手するようにしてください。

まとめ

確定申告書の申告期限は、原則2月16日から3月15日まで。還付申告の場合は、1月1日から申告できる

Q18

確定申告後に
売上金額の間違いなどに気づいたら、
どうすればいいの?

A18

正しい売上金額に
修正する方法があるよ

確定申告後に、売上の計上が漏れていたとか、経費の計上が漏れていると気づくこともあるのではないかと思います。また、計上自体はされているけれども、金額を間違えてしまうこともあるのではないでしょうか。このように確定申告の記載を間違えてしまった場合にも、確定申告書を修正する手続きがありますので、手続きに沿って修正するようにしましょう。

1　申告期限内に訂正する場合

申告期限内でしたら、何度でも確定申告書を訂正して、再提出することができます。正しい金額に確定申告書を訂正して、提出し直しましょう。税金の納付が済んでいたら、差額分の税金を追加で納付すれば大丈夫です。なお、確定申告書を何度か訂正して提出した場合には、申告期限内の最後に提出した申告書が、最終版の確定申告書として取り扱われることになります。

2　期限後で税金の追加納付が発生する場合

確定申告の申告期限後に申告書を修正する場合で、追加の納付が発生する場合には、「**修正申告**」という方法で確定申告書を修正します。修正申告をするには、通常の確定申告書と同じフォーマットの確定申告書に修正内容を記載して手続きをします。なお、追加で発生した税金を納付した場合には、過少申告加算税や延滞税などの罰金がかかる可能性もありますので、注意しましょう。

3　期限後で税金の還付が発生する場合

確定申告の申告期限後に申告書を修正する場合で、確定申告で納めすぎていた税金の還付が発生するときは、「**更正の請求**」という方法で確定申告書の修正を行います。更正の請求を行う場合には、確定申告書の様式に記載するのではなく、「更正の請求書」という書類に更正内容を記載して手続きを行います。この更正の請求については、更正の請求ができる期間が定められています。申告期限から5年以内が、更正の請求を行うことができる期間になります。

まとめ

確定申告書をいつ修正するのか、税金は納付になるのか、還付になるのかなどで、修正手続きが異なるので注意！

Q19

税金に時効ってあるの?

A19

法律で、税金についても
時効が決められているよ

税金の時効とは、税務署が納税者に税金の計算の誤りを問い合わせたり、税金計算の修正をすることができる期限です。この時効が過ぎてしまうと、税務署から「税務調査をさせてください」といったようなお尋ねも来なくなります。所得税の時効は、確定申告書を提出しているか、提出していないかなどの要件によって、次のように時効が定められています。

1　3年の時効

確定申告書を提出した場合の時効は、申告期限の翌日から3年です。ただし、偽りや不正があった場合には、時効が7年に延びます。

2　5年の時効

確定申告書を提出していなかった場合の時効は、申告期限の翌日から5年です。ただし、偽りや不正があった場合には、時効が7年に延びます。

まとめ

所得税の時効は、3・5・7年と覚えよう

Q20

副業すると、
社会保険料の支払い金額にも
影響が出るの?

A20

副業しても
社会保険料の支払い金額が
変わらないケースもあるよ

社会保険は、基本的に本業の勤め先の会社で加入し、社会保険料の金額も本業の会社での給与収入に応じて決まります。だから、副業でいくら稼ごうと、基本的には社会保険料の金額が変わることはありません。ただし、副業が雇用契約であるアルバイトなどの場合は気を付ける必要があります。副業先での勤務時間など社会保険の加入要件を満たしてしまうと、副業先でも社会保険の加入義務が生じるとともに、社会保険料の追加負担が発生してしまう可能性があります。社会保険の加入要件は、次のとおりです。

・副業先が法人または常時従業員が５人以上の個人事業所（一部業種を除く）
・週の所定労働時間が20時間以上
・月収が８万８０００円以上（年収だと約１０６万円以上）
・２か月を超えて引き続き雇用される見込み
・従業員数が１００人超（２０２４年10月より50人超に改正）など

まとめ

バイトなど雇用契約の副業の場合には、副業先でも社会保険の加入義務が生じる可能性があるので注意！

Q21

**配偶者の扶養の範囲内で
副業したいんだけど、
どうすればいいの?**

A21

**配偶者の扶養として認められる
所得や収入の範囲内の金額で、
副業する必要があるよ**

このQ21は、サラリーマン本人ではなく、サラリーマンの配偶者（専業主婦や専業主夫など）が副業（仕事）を始める場合についての質問になります。配偶者が副業を始める場合の質問で一番多いのが、副業を始めたら配偶者の扶養から外れてしまうのではないかという扶養問題です。扶養から外れてしまうと、社会保険料を配偶者が負担することになり、保険料の支払いが増えてしまう可能性があるからです。実は、この扶養には、所得税の扶養と社会保険の扶養、会社のルールでの扶養と3つの扶養の基準があります。だから、どの扶養に入っていたいのかを明確にしておき、その入りたい扶養の基準の所得金額や収入金額を超えないように副業をするようにしましょう。

1　所得税の扶養（配偶者控除など）

所得税の扶養では、扶養の範囲内での副業であれば、サラリーマン本人の方で、配偶者控除（または配偶者特別控除）の適用を受けることができ、控除額（48万円～1万円）を所得から差し引いて、所得を減らすことができます。

この配偶者控除を受けるためには、副業の所得が**48万円以下**でないといけません。アルバイトなどの給与収入の場合、年収ベースですと103万円以下の収入です。また、配偶者特別控除を受けることができるのは、副業の所得が**48万円超133万円以下**の場合です。アルバイトなどの給与収入の場合、年収ベースですと103万円超201万円以下の収入になります。

ただし、サラリーマン本人の所得が1000万円を超えていると、そもそも配偶者控除も配偶者特別控除も適用を受けることができないことになっていますので、まずは本人の所得を確認するようにしましょう。

2　社会保険の扶養

サラリーマン本人が加入している社会保険の扶養に入ることができれば、配偶者側では基本的に社会保険料の支払いが発生せず、サラリーマン本人のみが社会保険料を負担すれば済むのでお得です。社会保険の扶養に入るためには、副業の収入の年間見込みが**130万円以内**であることが必要です。社会保険の扶養の判定は、所得税の扶養と異なり、収入ベースで判定します。年間の収入見込みが130万円を超えると、社会保険の扶養の対象から外れてしまい、配偶者分の社会保険料（国民健康保険・国民年金）を負担しなければならなくなります。この社会保険の手続きは自ら市区町村等で行います。扶養の範囲内で副業をしたい場合には、この年収130万円を超えないことを意識しておくことが大切です。また、アルバイトなどの給与収入の場合には、Q20にもありましたように年収106万円を超えるとアルバイト先の社会保険（健康保険・厚生年金）に加入しなければならなくなる可能性もあります。アルバイトなどの給与収入が副業の場合には、この年収１０６万円以下という基準も意識して働くようにしましょう。

3　会社のルールでの扶養

税務上と社会保険上の扶養のほかに、会社ルールでの扶養の基準というのもあります。これは、会社が給与の支給の際に、扶養手当などの手当の支給を決定する基準です。一般的には、所得税の基準である所得48万円以下や、社会保険上の基準の年間収入１３０万円以下などの金額で、扶養手当の支給基準を設けている会社が多いようです。ただ、これとは全く別に会社独自の収入基準を設けている場合もあるので、注意が必要です。配偶者が副業する際には、サラリーマン本人の勤め先の扶養手当の基準についても、事前に確認しておくようにしましょう。

まとめ

扶養の基準は、所得税法上、社会保険上、会社ルール上の３つがある。入りたい扶養の収入基準を超えないよう注意！

第2章

まずはこれだけ！
副業の税金の
計算を学ぼう

Q22

**所得税の計算方法について、
もう少し詳しく教えて①**

A22

**基本的に1年間の所得（儲け）の
すべてを合算して税金を計算するよ。
例外として、合算せずに
個別に税金を計算するものもあるよ**

所得税は7つのステップで税金が計算されます。ここでは最初の2ステップの税金計算を見ていきたいと思います。

1　各所得区分の所得（儲け）を計算する【ステップ1】

所得税は、基本的に、個人が得た収入から、支払った経費を差し引いた所得（儲け）に対してかかる税金です。所得税の計算方法は、サラリーマンとしての給与や副業収入などを各所得区分に分けることから始まります。各所得区分に分けることができましたら、各所得区分ごとに次のような算式により所得を計算します。

（各所得の算式）

①事業所得（本業の所得）
　収入－経費－（青色申告特別控除）

②雑所得
　副業などの所得の場合…収入－経費
　公的年金等の場合…収入－公的年金等控除額

③給与所得

収入－給与所得控除額

④不動産所得

収入－経費－（青色申告特別控除）

⑤一時所得

（収入－経費－特別控除（最高50万円））×1／2

⑥譲渡所得（金地金や宝石、書画、骨とう等の譲渡）

所有期間5年以内…収入－（取得費＋譲渡費用）－特別控除

所有期間5年超…（収入－（取得費＋譲渡費用）－特別控除）×1／2

⑦配当所得（合算するもの※）

※非上場株式については、一定金額以上の配当。上場株式等については、合算して配当控除（税額控除）の適用を受けた方が税金が安くなる場合などに合算。

収入－株式取得のための借入金の利子

2　各所得を合算して合計所得を計算する【ステップ2】

1①～⑦の所得は、合算して税金を計算する所得になります。所得税の用語で言うと、「総合課税」の所得といいます。各所得区分ごとの所得の計算が完了しましたら、これらの所得をすべて合算します。事業所得、不動産所得、譲渡所得が損失の場合には、基本的にその損失を他の所得と相殺することができます。

一方、次のような所得は合算せずに、個別にそれぞれの税金を計算します。このような所得を所得税の用語で、「分離課税」の所得と言います。

①譲渡所得（土地や建物の譲渡、株式の譲渡）

収入－（取得費＋譲渡費用）－（特別控除）

②配当所得（上場株式等の配当で個別に税金計算するもの※）

※源泉徴収済みであれば、基本的に申告不要。特定口座内の上場株式などの譲渡損失と相殺して節税する場合には、相殺する上場株式等の配当所得も申告する必要があります。

収入－株式取得のための借入金の利子

まとめ

1、各所得区分の所得（儲け）を計算

2、各所得を合算して合計所得を計算

Q23

所得税の計算方法について、もう少し詳しく教えて②

A23

合計所得から所得控除を差し引いて課税所得を計算するよ。課税所得が計算できたら税率を乗じて所得税を計算するよ

さて、ここから所得税の計算の残り5つのステップを見ていきましょう。

3　合計所得から所得控除を差し引いて課税所得を計算する【ステップ3】

（算式）合計所得－所得控除＝課税所得

所得税の公平性や税負担の軽減の観点から、合計所得から差し引くことができるものとして、所得控除があります。この所得控除には、配偶者控除や基礎控除など、計14種類もの控除があります。所得控除をもれなく利用することが節税への近道になりますので、後のQ＆Aでもう少し詳しく見ていきたいと思います。

4　課税所得に税率を乗じて所得税を計算する【ステップ4】

①課税所得（総合課税）×税率（累進税率）
②課税所得（分離課税）×税率（一定税率）
③①＋②＝所得税

5　所得税から税額控除を差し引き、当年分の所得税を確定する【ステップ5】

（算式）所得税－税額控除（住宅ローン控除など）＝当年分の所得税※

※令和6年度については、定額減税の対象となった方は、定額減税を控除します。

6　復興特別所得税を計算し、当年の所得税に加算する【ステップ6】

①当年分の所得税×復興特別所得税税率（2・1％）＝復興特別所得税

②当年分の所得税＋復興特別所得税＝当年分の所得税等

7　当年分の所得税等から源泉所得税と予定納付額を控除する【ステップ7】

（算式）当年分の所得税等－源泉所得税－予定（中間）納付額＝当年分の納付所得税等（または当年分の還付所得税等）

これで所得税の納付税額の計算は終了です。

所得税の計算も一見複雑に思われるかもしれませんが、ステップごとの計算式を確認していただければ、簡単に感じていただけるんじゃないかと思います。

まとめ

3、合計所得から所得控除を差し引き課税所得を計算
4、課税所得に税率を乗じて所得税を計算
5、所得税から税額控除を差し引き当年の所得税を計算
6、復興特別所得税を計算し加算
7、所得税等から源泉所得税等を差し引き、納付税額を計算

Q24

所得税の税率について教えて

A24

基本的には、
所得（儲け）が多くなると、
税率が高くなる仕組みになっているよ

合算する所得（総合課税）に対する税率と、個別に計算する所得（分離課税）に対する税率で、所得税の税率の仕組みが異なります。所得税の税率の仕組みについて、もう少し詳しく見ていきましょう。

1　総合課税の所得に対する税率

総合課税の所得の税率は、所得が多いほど税率が高くなる**累進課税制度**になっています。税率は所得金額に応じて、**5%から45%**の税率となっています。具体的には、次のような所得税の速算表を使って税金を計算します。控除額があるので、税率が上がるラインを超えても、すぐに丸々税率が上がるわけではありませんので、ご安心ください。

（所得税の速算表）

課税所得金額	税率	控除額
195万円未満	5%	0円
195万円以上　330万円未満	10%	9万7500円
330万円以上　695万円未満	20%	42万7500円
695万円以上　900万円未満	23%	63万6000円

９００万円以上	１８００万円未満	33％	１５３万６０００円
１８００万円以上	４０００万円未満	40％	２７９万６０００円
４０００万円以上		45％	４７９万６０００円

（所得税の計算例）

サラリーマンの給与所得と副業の雑所得を合算して、所得控除後の課税所得が４００万円であった場合の所得税の計算は、次のように計算します。

①所得税　４００万円×20％－42万７５００円＝37万２５００円

②復興特別所得税　37万２５００円×２・１％＝７８００円（１００円未満切捨）

③①＋②＝38万３００円

なお、総合課税の所得に対する住民税の税率は、基本的に一律10％（市区町村民税６％・都道府県民税４％）です。さきほどの計算例ですと、住民税は40万円になりますので、案外、住民税も高額になることが分かっていただけると思います。

2　分離課税の所得に対する税率

総合課税の税率と違い、取引内容ごとに所得税率が定められています。土地や建物の譲渡や株式の譲渡などについては、多額の税負担にならないように、累進課税ではなく、**一定税率**で税金が課されるようになっています。

・土地建物の譲渡（所有期間5年超）…所得税15・315％、住民税5％
・土地建物の譲渡（所有期間5年以内）…所得税30・63％、住民税9％
・株式の譲渡…所得税15・315％、住民税5％
・上場株式の配当所得（申告分離課税）…所得税15・315％、住民税5％

まとめ

・総合課税の税率は、所得に応じた累進税率
・分離課税の税率は、取引ごとの一定税率

Q25

そもそもサラリーマンには、
どんな税金がかかっているの?

A25

給与所得に対する
税金がかかっているよ

サラリーマンの給与にかかる税金は、会社が行う年末調整の仕組みが分かれば、おおよそ理解することができます。というのも、年末調整は、会社が代わりに行ってくれるサラリーマンのための確定申告手続きだからです。年末調整の対象となるサラリーマンは、基本的に次のような要件を満たす人です。

・会社に1年間通して勤務している人（年の中途に入社した場合は、年末まで勤務していて、前職の源泉徴収票を提出している人）
・「給与所得者の扶養控除等申告書」を提出している人
・年収2000万円以下の人

1　年末調整での税金計算の仕組み

①1年間の給与収入から給与所得控除を差し引いて、給与所得を計算します。
②従業員に提出してもらった「扶養控除等申告書」、「保険料控除申告書」、「基礎控除申告書 兼 配偶者控除等申告書 兼 所得金額調整控除申告書」にもとづいて所得控除を計算し、給与所得から所得控除を差し引いて課税所得を計算します。
③課税所得に税率を乗じて、所得税を計算します。
④所得税から税額控除（住宅ローン控除など）を差し引き、当年分の所得税※を計算します。

※令和６年度については、定額減税の対象となる方は、定額減税を控除します。

⑤当年分の所得税に復興特別所得税の税率を乗じて、復興特別所得税を計算し、当年分の所得税に合算します。

⑥当年分の所得税等から、毎月の給与で徴収された源泉所得税の合計額を差し引きます。毎月の給与で徴収された源泉所得税が過大であれば（差し引き金額がマイナスの場合）、12月や１月の給与の支払いの際に、源泉所得税を還付します。反対に、源泉所得税が不足であれば（差し引き金額がプラスの場合）、不足税額を徴収します。

年末調整で適用を受けることができない所得控除（医療費控除や寄付金控除など）や税額控除（１年目の住宅ローン控除など）の適用を受けるためには、自ら確定申告を行い、その適用を受ける必要があります。

2　給与所得控除とは

サラリーマンの給与収入から差し引くことができる経費の金額で、令和２年分以降の給与所得控除額は次のように決められています。

給与収入額	給与所得控除額
１６２万５０００円以下	55万円
１６２万５０００円超 １８０万円以下	給与収入金額×40％－10万円
１８０万円超 ３６０万円以下	給与収入金額×30％＋８万円
３６０万円超 ６６０万円以下	給与収入金額×20％＋44万円
６６０万円超 ８５０万円以下	給与収入金額×10％＋１１０万円
８５０万円超	１９５万円（上限）

例えば、給与収入が４００万円の給与所得控除額は、１２４万円（＝４００万円×20％＋44万円）になります。給与収入４００万円から給与所得控除額１２４万円を差し引いた金額が給与所得になりますので、２７６万円（＝４００万円－１２４万円）が給与所得になります。

まとめ

サラリーマンの給与にかかる税金は、年末調整の仕組みを理解して攻略しよう

Q26

サラリーマンの給与にも
経費をつけられるって、本当なの?

A26

「特定支出」という
サラリーマンのための経費の制度が
あるけど、適用を受けるには
なかなかハードルが高いよ

サラリーマンの給与については、「**特定支出控除**」という制度があります。これは、「特定支出」となる経費を支払い、「特定支出」の合計額が給与所得控除額の1／2を超える場合には、超えた額を給与所得から控除できる制度です。

この制度の適用を受けるには、年末調整ではなく、自ら確定申告を行い、「特定支出控除」の適用を受けなければなりません。確定申告書には、「特定支出に関する明細書」と「給与等の支払者の証明書」を添付します。

「**特定支出**」とは、次のような支払いをいいます。

①通勤費…通勤のために必要な交通機関利用料
②転居費…転任に伴う引越費用
③研修費…職務遂行に直接必要な研修費用
④資格取得費…職務遂行に直接必要な資格取得費用
⑤職務上の旅費…職務を遂行するために直接必要な旅費
⑥帰宅旅費…転任に伴い配偶者と別居になる場合の帰宅費用
⑦勤務経費（65万円を限度）…職務に関連する図書費、衣服費、交際費等

例えば、給与収入が４００万円の場合には、給与所得控除額は、１２４万円（＝４００万円×20％＋44万円）になり、その１／２ですと62万円です。

つまり、「特定支出」となる経費が62万円を超えないと、この「特定支出控除」の適用を受けることができないのです。だから、この「特定支出控除」の適用を受けるには、かなり高いハードルがあります。

まとめ

サラリーマンの給与にも経費をつけることができる制度はあるが、適用を受けることはかなり難しい

Q27

副業がアルバイト（給与所得）の確定申告について教えて!

A27

サラリーマンの給与とアルバイトの給与の収入を合算して、確定申告を行うよ

副業がアルバイトの場合には、本業と副業の２つの給与収入を合算して、確定申告します。具体的には、２つの給与収入を合算し、その給与収入に対する給与所得控除を控除して、給与所得の金額を計算します。

1　確定申告が必要な人

副業のアルバイトの給与収入が**20万円を超える場合**には、確定申告が必要です。

また、たとえ給与収入が20万円以下の場合でも、確定申告すれば、所得税が還付されるケースも多くありますので、所得税の試算をしてみて、確定申告をするかを決めるようにすると良いでしょう。

2　副業がアルバイトの場合の源泉徴収について

副業がアルバイトの場合には、アルバイト先では「源泉徴収税額表」の乙欄の税額で源泉徴収が行われることが多いです。乙欄の場合には、正社員に適用される甲欄に比べると、源泉徴収税額が多めに徴収されます。

例えば、10万円の給与収入の場合、令和5年度では、甲欄（扶養なし）の徴収税額は７２０円ですが、乙欄の徴収税額は３６００円になります。このように税額表の乙欄ですと、源泉徴収税額が多めに徴収されることになりますので、確定申告すると所得税が還付される可能性があります。

まとめ

- 副業の給与収入が2020万円を超えると、確定申告が必要
- 副業の給与収入が2020万円以下でも、確定申告すると所得税が還付される場合もあるので、所得税を試算しよう

Q28

副業が雑所得の
確定申告について教えて!

A28

サラリーマンの給与所得と
副業の雑所得を合算して
所得を計算し、所得税を計算するよ

副業が雑所得の場合には、サラリーマンの給与所得と副業の雑所得を合算して所得を計算し、確定申告することになります。具体的には、給与収入から給与所得控除を差し引いた給与所得の金額と、収入から経費を差し引いた雑所得の金額を合算して、所得金額を計算し、所得税額を計算します。

1　副業のうち雑所得になるもの

次のような副業で、「事業」に該当しない規模の副業は、雑所得になります。

ネットショップでの売買、フリマアプリでの売買、アフィリエイト、プログラマー、シェアリングエコノミー、動画広告、デザイナー、イラストレーター、ライター、セミナー講師、通訳、士業、コーチ、コンサル、外注契約による請負など

2　確定申告が必要な人

副業の雑所得の金額が**20万円を超える場合**には、確定申告しなければなりません。また、たとえ雑所得の金額が20万円以下であっても、報酬等から源泉徴収された所得税がある場合には、確定申告することによって所得税が還付される場合があります。所得税の試算をしてみて、確定申告をした方がお得かを判断しましょう。

3 雑所得の金額

雑所得の金額は、次のように計算します。

①収入（売上）※…副業で得た収入金額（Q29参照）

②経費※…収入を得るためにかかった費用の金額（Q30参照）

③①－②＝雑所得の金額

雑所得の金額の計算ができましたら、これを給与所得の金額と合算して、所得金額を計算し、所得税の計算を行います。

まとめ

- **副業が雑所得に該当するかを確認しよう**
- **副業の雑所得の金額が20万円超なら、確定申告しよう**
- **雑所得の金額は、収入から経費を差し引いて計算する**

Q29

雑所得の収入（売上）は、
どのように集計すればいいの？

A29

発行した請求書を1年分集計すると、
雑所得の収入（売上）を
集計することができるよ

1　請求書を集計しよう

副業の対価として、お金を入金してもらうためには、相手先に請求書を発行することが大切です。副業の業務が完了したら、または副業にかかる商品の引き渡しが完了したら、すぐに取引先に請求書を発行するようにしましょう。

雑所得の収入を集計する際には、この請求書を1年分集計することになります。請求書発行の都度、エクセルなどの計算ソフトで集計しておけば、後で集計をする手間を省くことができます。**業務の完了や商品の引き渡しの完了が、雑所得の収入計上のタイミング**になります。

外注契約などの場合には、取引先から報酬の支払調書をもらうことがあるかと思います。でも、この支払調書は、請求書発行のタイミングと異なり、支払い基準で作成されていることがあります。そのため、支払調書よりも、請求書の発行のタイミングで収入を集計するように心がけるようにしましょう。また、収入が入金される預金口座の通帳などでも、収入を集計することができますが、外注契約の報酬などの場合には、源泉所得税が徴収された後の金額が振込されていますので、収入を集計する際には注意するようにしましょう。

2　収入（売上）の計上もれに気を付けよう

収入の計上もれがあると確定申告書を修正する必要も出てくるので、収入の計上もれがないように注意しましょう。計上もれしやすいのは、12月頃の取引で1月や2月頃に入金があるケースです。

また、本来の副業ではなく、副収入的な収入があった場合には、収入の計上もれをしやすいので注意するようにしましょう。例えば、次のような収入が単発であったときには、計上もれしやすいので気を付けましょう。

①雑誌などの記事の原稿代
②雑誌などのインタビューの謝礼金
③会議に出席した謝礼金やお車代
④取引先でセミナーをしたときの講師謝金

3　令和4年以降の雑所得の収入について

令和4年1月1日以降の雑所得の収入計上については、税制改正により、取扱いが変わりましたので、注意が必要です。

前々年の収入が３００万円以下の場合には、現金主義（入金ベース）でも収入を計上することができるようになりました。また、前々年の収入が３００万円を超える場合には、領収書の保存（５年）が義務化されました。さらには、前々年の収入が１０００万円を超える場合には、確定申告書を提出する際に、収入と経費を記載した書類の添付が必要になります。

　このように、令和４年分の確定申告からは、雑所得の収入の計上基準や書類の保存義務が改正されましたので、ご注意ください。

まとめ

- **業務完了時や商品引渡時に、請求書を発行しよう**
- **収入（売上）は、請求書にもとづいて集計しよう**
- **令和４年度の雑所得の税制改正に注意しよう**

Q30

雑所得の経費は、
どのように集計すればいいの?

A30

経費の支払いの際に、
支払先から受け取った領収書や
レシートを集計するといいよ

1　領収書を集計しよう

副業にかかる経費の支払いをしたときには、支払い先から領収書やレシートを受け取ります。経費については、この領収書やレシートを保管するとともに、経費を集計します。領収書やレシートについても、受取りの都度、エクセルなどの計算ソフトで、経費の種類ごとに支払金額を集計しておくと、後で集計する手間を省くことができます。また、領収書やレシートの保管方法としておススメなのは、クリアファイルなどに、経費ごとや月ごとにファイリングしておく方法です。ノートなどに糊付けする方法もありますが、作業時間がかかってしまうので、ファイリングしておくだけでも十分です。

2　領収書の記載事項

領収書を受け取ったら、次の項目の記載があるかを確認しましょう。

①発行日　②宛先　③金額　④消費税　④但し書き（購入代金の内容）
⑤発行者の名称、住所　⑥収入印紙と消印（領収金額5万円以上）

いずれかの項目にもれがあると、後で証明に困ることもありますから、記載もれがありましたら、すぐに修正してもらうようにしましょう。

3　雑所得の経費集計

支払った経費等を次のような項目（勘定科目）ごとに集計して、雑所得の経費の合計額を計算します。

（経費の項目）

①仕入（期首棚卸＋仕入－期末棚卸）…売上に対応する商品の購入金額
②給料…アルバイト代など
③外注費…業務委託代など
④広告宣伝費…ウェブサイト製作費、広告掲載料、チラシ代、ＤＭ代など
⑤旅費交通費…電車代、タクシー代、バス代などの交通費、宿泊費など
⑥通信費…電話代、インターネット代、切手代、はがき代など
⑦消耗品費…文房具の購入費、コピー代など
⑧修繕費…パソコンなどの修理代など
⑨新聞図書費…新聞代、書籍代、電子書籍代など
⑩研修費…研修やセミナーの参加費用など
⑪租税公課…印紙税、自動車税（副業用）、固定資産税など

⑫会議費…会議のための場所代、会議に必要な費用など

⑬接待交際費…取引先との飲食代、慶弔見舞金、お土産代、お歳暮代など

⑭車両費…自動車（副業用）のガソリン代や部品代など

⑮損害保険料…自動車（副業用）の保険料など

⑯地代家賃…事務所の家賃、駐車場代など

⑰水道光熱費…水道代、電気代など

⑱諸会費…所属団体の会費など

⑲減価償却費…減価償却資産（10万円以上の資産）の当期経費額

⑳支払利息…副業のためにお金を借りたときの利息

㉑雑費…①～⑳以外の費用

㉒雑所得の経費の合計額…①～㉑の合計額

次の雑所得の金額の計算式の経費に、㉒雑所得の経費の合計額を当てはめて計算することで、雑所得の金額を計算することができます。

（雑所得の金額の計算式）

①収入（売上）…副業で得た収入金額

②経費…収入を得るために使った金額（経費の項目㉒雑所得の経費の合計額）

①－②＝雑所得の金額

4　経費にならないもの

次のように、雑所得の経費にならないものもありますので、誤って経費計上しないように注意しましょう。

①ｓｕｉｃａなどの電子マネーにチャージして使用していないもの
※使用したときに、旅費交通費などの経費になります。
②年末に大量に購入した消耗品などで使用していないもの
※使用したときに、消耗品などの経費になります。
③副業ではなく、プライベートのために支払ったもの
④延滞税、加算税、交通違反金、罰金など
⑤所得税や住民税などの税金

まとめ

・受け取った領収書を集計して1年間の経費を計算
・勘定科目ごとに集計↓合算して経費の合計を計算

Q31

減価償却ってよく聞くけど、何なの?

A31

購入した備品などの資産を
何年かに分けて経費にすることだよ

副業のために、1年以上使用し、一組10万円以上の器具備品や機械装置、車両運搬具などの資産は、減価償却資産になります。減価償却資産は、取得した年に全額を経費にすることができず、耐用年数という使用可能期間に分けて経費にします。具体的な減価償却費の計算は、次のとおりです。

1　定額法（原則）

所得税の原則的な減価償却方法は、定額法です。税務署に事前に届出しない限りは、定額法により減価償却費を計算します。定額法とは、減価償却資産を耐用年数で、均等に経費にしていく減価償却の方法です。

（計算式）取得金額×定額法の償却率※

※償却率　2年…0・5　3年…0・334　4年…0・25
　5年…0・2　10年…0・1　など
　耐用年数　パソコン…4年、普通自動車6年　など

年の途中で取得した場合には、使用月数で月数按分をします。

（計算例）7月1日にパソコンを20万円で購入した場合
減価償却費：20万円×0・25×6／12＝2万5000円

2　定率法

定率法とは、取得した年は多く経費にし、徐々に経費の額が減っていく減価償却の方法です。償却が進んでいくと、償却保証額との比較など計算が少し複雑になりますが、まずは左記の計算式を覚えておくようにしましょう。定率法を採用したい場合には、新たに副業を開始した年度の確定申告書の提出期限までに、税務署に「減価償却資産の償却方法の届出書」を提出します。

（計算式）取得金額（減価償却累計額控除後の金額）×定率法の償却率※

※償却率　2年…1・0　3年…0・667　4年…0・5
　5年…0・4　10年…0・2

（取得した年の計算例）7月1日にパソコンを20万円で購入した場合

減価償却費：20万円×0・5×6／12＝5万円

まとめ

- **減価償却資産は、耐用年数の期間で経費化する**
- **原則、定額法により、毎年均等額を経費にする**

Q32

経費とプライベートが混ざった支払いは、どうすればいいの？

A32

何らかの按分基準を作って、支払金額を按分するといいよ

副業のための支払いは経費になりますが、プライベートのための支払いは経費になりません。そのため、副業とプライベートが混ざった支払いは、按分基準にもとづいて、副業の経費とプライベート費用に分ける必要があります。

経費とプライベート費用が混ざるような支払いとしては、事務所家賃、電気代、水道代、電話代、ガソリン代、減価償却費などがあります。事務所家賃、電気代、水道代などは、副業専用の仕事スペースの床面積の割合などで按分計算し、経費計上すると良いでしょう。また、電話代、ガソリン代、減価償却費などの場合は、副業のための使用時間の割合などで按分計算し、経費計上すると良いでしょう。按分基準を一度作成して使用したら、毎年、その按分基準を用いて経費計上していくことが大切です。

（按分計算の例）

副業の事務所家賃＝支払家賃×25％（事務所利用の床面積割合）

まとめ

- 按分基準にもとづき、経費とプライベート費用に分ける
- 一度使用した按分基準は、毎年継続して使用しよう

Q33

副業が事業所得の確定申告について教えて!

A33

基本的な所得計算は雑所得と似ているよ。雑所得と異なる部分を押さえよう

事業所得の計算も、基本的な計算については、雑所得の場合と同じです。

（事業所得の金額の計算式）

①収入（売上）…副業で得た収入金額

②経費…収入を得るためにかかった費用の金額

③①−②＝事業所得の金額

ただし、次のように雑所得とは異なる扱いもありますので、その違いを覚えておくようにしましょう。

・青色申告者は、青色申告特別控除などの青色申告の特典を受けて節税できる
・青色事業専従者給与として家族への給与を経費にできる
・事業所得が損失になった場合には、給与所得などと相殺して節税できる
・帳簿や領収書の保存義務がある（最長7年）

まとめ

事業所得は、雑所得との違いを押さえて攻略しよう

Q34

所得税の納付方法には
どんな方法があるの?

A34

クレジットカード払いなど
お得な納付方法もあるよ

所得税の納付方法は、４種類の納付方法がありますので、それぞれの納付方法を確認していきましょう。

1　現金納付

納付書で金融機関や税務署で納付する方法があります。また、ＱＲコードを印刷してコンビニエンスストアなどで納付（30万円以下の納付税額の場合）することもできます。その他には、金融機関のＡＴＭでペイジー納付する方法もあります。

2　振替納税

事前に指定した預金口座からの引き落としで納付する方法です。通常の納付期限は３月15日（申告期限）になりますが、振替納税を利用すると、納付期限が延長され、４月20日頃の引き落としになります。振替納税の申し込み方法は、振替依頼書を作成して、税務署または金融機関に提出します。

3　電子納税

ダイレクト納付やインターネットバンキングなど、電子納税の方法で税金を納付することもできます。

4　クレジットカード払い

インターネットを利用してクレジットカードで納付することができます。決済手数料がかかりますが、クレジットカードのポイントを貯めることができます。決済手数料以上にポイントを貯めることができる場合にはお得な納税方法になります。決済手数料は次の通りです。

（決済手数料）

納付税額	決済手数料（消費税込）
1円以上 1万円以下	83円
1万円超 2万円以下	167円
2万円超 3万円以下	250円
3万円超 4万円以下	334円

以降も同様に1万円を超えるごとに決済手数料が加算されます。

5　延納

納付は一括払いが原則ですが、一括での支払いが難しい場合には、延納という制度を利用することができます。延納を利用すれば、一括払いを二回払いに変更することができます。手続きは、確定申告書に延納税額（納税額の１／２未満の金額）を記載するとともに、延納税額以外は納期限までに納付します。延納税額は、５月31日が納付期限になります。なお、延納制度を利用する場合には、延納税額に対して利子税（令和６年は年０・９％）がかかることになりますので、気を付けるようにしましょう。

6　還付の場合

税金が納付ではなく、還付になる場合には、税務署から還付金の受け取りを行います。確定申告書の第一表の下の方に、還付金の振込口座を記入する欄があります。その記入欄に振り込み希望口座を記入して申告書を提出し、還付金の振り込みを受けます。

まとめ

- **所得税の納付方法は４種類ある**
- **クレジットカード払いはポイントを貯められてお得。**
ただし、クレジット決済手数料が発生するので注意！

第3章

副業の節税は、ここがポイント！

Q35

副業の税金を減らすには
どうすればいいの?

A35

所得税の計算の仕組みから、
節税できる箇所を探すといいよ

1 雑所得の金額の計算

雑所得の金額＝収入（売上）－経費

節税のために収入を減らすのは本末転倒ですので、**経費を増やすこと**が節税の近道です。経費を増やすには、所得税で認められている経費をもれなく計上することが必要です。経費となる支払いを覚えるとともに、領収書をきちんと保管しておくことが節税のポイントです。

2 副業が雑所得の所得税の計算

①所得金額＝サラリーマンの給与所得＋副業の雑所得の金額

②（①－所得控除）×税率－税額控除＝所得税

所得税の計算の仕組みを見てみると、その他に税金を減らすことができる項目は、**所得控除**と**税額控除**になることが分かります。これら2つの所得控除と税額控除をもれなく適用することが節税につながります。

まとめ

経費、所得控除、税額控除をもれなく計上して、節税しよう

Q36

経費を増やすには
どうすればいいの?

A36

経費をもれなく計上し、
領収書をしっかり保管することが
大切だよ

1　経費を知ろう

経費をもれなく計上するためには、その前提として、どのような支払いが経費になるかを知っておくことが大切です。支払いはしているのに、うっかり計上もれということもあり得るからです。次のような支払いで、副業のためのものは、基本的に経費になります。こうした支払いをもれなく経費計上して、無駄な税金は支払わないように節税しましょう。

（経費の例）

- 出張旅費や宿泊費…旅費交通費
- カフェやファミレスでの打ち合わせ代…会議費
- 会議のためのお茶代、コーヒー代…会議費
- 取引先との飲食代…交際費
- 取引先とのゴルフ代…交際費
- 取引先への手土産…交際費
- 取引先への祝い金、香典…交際費
- 携帯電話代やインターネット代…通信費（副業に使用する部分）
- 新聞代や書籍代…新聞図書費

・研修参加費用…研修費
・資格の取得費用…研修費
・取材用の美容室代…広告宣伝費
・文房具や事務用品代…消耗品費
・副業のためだけに使用する衣装代…消耗品費
・マンション家賃…地代家賃（副業に使用する面積部分）
・車の購入代…減価償却費（副業に使用する部分）
・車のガソリン代、車検代、修理代…車両費（副業に使用する部分）

2　領収書はお金

経費をもれなく計上することが節税につながります。領収書等は、経費であることを証明する書類になりますので、きちんと保管するようにしましょう。領収書をきちんと保管しておくことで、経費の計上もれを防ぐことができます。領収書は将来のお金そのものだと思って、大切に扱うようにしましょう。例えば、10万円の領収書があったとしましょう。所得税率20％、住民税率10％の合計税率30％で税金がかかる場合には、10万円×30％＝3万円となり、3万円節税する効果があります。つまり、この場合、10万円の領収書は、3万円の現金と同じような価値があるのです。この領収書がきちんと保管されておらず、帳簿につけることができなければ、3万円も損することになります。領収書はきちんと保管し、後で確認ができるようにしておきましょう。

副業が雑所得の場合、以前は領収書などの保存義務はありませんでした。しかし、**令和4年1月1日以降は、前々年の雑所得の収入が300万を超える場合には、領収書の保存義務（5年）が生じる**ことになりましたので、ご注意ください。

3　副業とプライベートのお金は別管理しよう

副業とプライベートのお金の財布を分けて管理すると、副業のための支払いを把握しやすく経費の計上もれが少なくなります。そのため、副業専用の銀行口座を開設したり、副業用の現金出納帳（副業用の家計簿）などを作成し、副業とプライベートのお金を別管理するようにすると良いでしょう。

また、副業用のクレジットカードやデビットカード、プリペイドカードなどを作成して、副業の経費を支払うようにすると、後で副業のための支払いを確認するのも簡単で、経費の計上もれを防ぐこともできます。デビットカードは、購入後すぐに銀行口座から引き落としがされるので、現在の預金残高を把握しやすいという点でおススメです。また、資金繰りのため、支払いを先延ばしにしたい場合には、クレジットカードを利用すると良いでしょう。

4　経費にできない支払いも把握しておこう

プライベートのお金が経費に計上されていると、税務調査があった際に否認されることになります。次のようなプライベートのための支払いは、副業の経費にはなりませんので、あらかじめ経費に含めないように注意しましょう。

・プライベートでの飲食代
・プライベートでの交通費
・プライベートのための衣服代
・プライベートでの旅行代や宿泊代
・プライベートのための書籍代

まとめ

・**経費をもれなく計上することで、経費を増やそう**
・**領収書をきちんと保管しておこう**

Q37

領収書がもらえない時は、どうすればいいの?

A37

支払いに関する取引の記録を残しておくことが大切だよ

ここまでのところで領収書の保管が大切なことは分かっていただけたんじゃないかと思います。でも、どうしても取引上、領収書がもらえないケースも出てくるかと思います。例えば、次のようなケースです。

・自動販売機でジュースなどを購入したとき
・取引先にご祝儀や香典などをお渡ししたとき
・電車代やバス代などを現金で支払ったとき
・割り勘で飲食代などを支払ったとき

このような取引については、領収書をもらうことができないかもしれませんが、取引内容を記録することで経費にすることができます。取引内容を記録する場合には、現金出納帳やメモ帳などに、次の４つのことを記録して残しておきましょう。

①支払い日　②支払先　③支払金額　④取引内容

まとめ

領収書をもらえない場合は、取引内容等を記録して残しておこう

Q38

**副業を始める前に支払った
副業の準備費用も
経費にできるの?**

A38

**副業の開業のために支払った
準備費用も経費にできるよ**

まとめ

副業の準備費用も経費になる。もれなく経費計上しよう

副業を始めるために支払った準備費用も、開業費として経費にすることができます。そのため、副業を始める前の領収書やレシートも保管しておいて、もれなく経費として計上することが、副業を始めた年の節税につながります。副業のために支払う準備費用としては、次のような費用が考えられます。

・副業に関する書籍代
・副業に関する調査費用
・副業に関する打ち合わせ費用
・副業の広告用のチラシ代
・副業を始めるための事務用品や消耗品代
・副業に関するセミナーへの参加費用
・副業準備のための携帯電話代
・副業準備のための事務所家賃代

Q39

**事業所得の
青色申告の特典には
どんなものがあるの?**

A39

**青色申告特別控除など
節税につながる特典があるよ**

1　青色申告の特典

青色申告の場合の節税の主な特典には、次のようなものがあります。

①青色申告特別控除（所得金額を減らして節税できる）

・65万円控除…複式簿記による記帳と保存、電子申告などが要件
・55万円控除…複式簿記による記帳と保存が要件
・10万円控除…簡易簿記による記帳と保存が要件

②減価償却の特例

10万円以上30万円未満の減価償却資産を取得した場合に、取得年度に一度に経費にすることができます（取得金額の合計が３００万円まで）。

③貸倒引当金

売掛金の残高の一部を経費にすることができます。

④青色事業専従者給与

従業員である家族への給与を経費にできます。専ら青色申告者の事業に従事することなどが要件で、事前に税務署に給与額を届出する必要があります。

なお、白色申告の場合には、配偶者への給与は86万円までなど経費にできる金額が限られ

ますので、青色申告の方がお得になっています。

⑤純損失の繰越控除

給与所得など他の所得と相殺してもしきれない損失が出た場合には、その損失を翌年以降3年間繰り越して、翌年以降の所得と相殺することができます。

2 青色申告承認申請書

青色申告の特典を受けるためには、青色申告をする必要があります。青色申告するためには、事前に税務署に「青色申告承認申請書」を提出し、その承認を受ける必要があります。「青色申告承認申請書」の提出期限は次のとおりです。

・原則…青色申告しようとする年の**3月15日**まで
・1月16日以降に副業をはじめた場合…副業をはじめた日から2か月以内

まとめ

・可能な限り、青色申告で確定申告しよう
・青色申告の特典を利用し、節税しよう

Q40

所得金額から控除できる
所得控除には、
どんなものがあるの?

A40

生活費を考慮した人的控除(7種類)と特別な支払いを考慮した物的控除(7種類)の14種類の所得控除があるよ

各所得を合算した所得金額に対して税金を計算しますが、税金を計算する前に差し引くことができるものがあります。それが、所得控除です。生活費や特別な支払いがあったことを考慮して、所得税を軽減するために、所得金額を減らすことができる制度です。

所得税の計算式のなかでは、次のような箇所です。

（所得金額－所得控除）×税率＝所得税

所得控除の効果は、所得控除の額に税率を乗じることで計算することができます。例えば、10万円の所得控除の適用を受けることができる場合には、税率が10％のときは１万円の税金を減らすことができますし、税率が40％のときは４万円の税金を減らすことができます。つまり、所得控除は、税率が高い人の方が、減税効果を多く受けることができるのです。

また、所得控除は所得税だけでなく、住民税を計算する場合の所得金額からも控除することができます。所得税と住民税の２つの税金を減らす効果があるので、この所得控除をもれなく適用することが、節税への近道になります。

1　人的控除（生活費を考慮した控除）

①基礎控除…本人が２５００万円以下の所得の場合
②配偶者控除…配偶者も本人も一定の所得要件を満たす場合

③配偶者特別控除…配偶者控除を受けられず、一定の要件を満たす場合
④扶養控除…16歳以上の子や親などを扶養している場合
⑤障害者控除…本人や配偶者、扶養親族が障害者の場合
⑥ひとり親・寡婦控除…シングルマザーやシングルファーザーなどの場合
⑦勤労学生控除…本人が学生で、一定の所得要件を満たす場合

2　物的控除（特別な支払いを考慮した控除）

⑧医療費控除…１年間で10万円を超える医療費を支払った場合など
⑨社会保険料控除…厚生年金、健康保険、雇用保険などの保険料を支払った場合
⑩小規模企業等掛金控除…小規模企業共済やｉＤｅＣｏ（個人型確定拠出年金）の掛金などを支払った場合
⑪生命保険料控除…生命保険、介護医療保険、個人年金の保険料を支払った場合
⑫地震保険料控除…地震保険料を支払った場合
⑬寄付金控除…ふるさと納税や寄付金を支払った場合
⑭雑損控除…災害、盗難、横領の被害にあった場合

基本的には、所得控除は会社が行う年末調整で適用を受けることができるのですが、年末調整では適用を受けることができない所得控除があります。⑧医療費控除、⑬寄付金控除、⑭雑損控除の３つの所得控除です。

そのため、これらの所得控除の適用を受けるためには、自ら確定申告して、所得控除の適用を受ける必要があります。

まとめ

- **所得控除には、人的控除と物的控除を合わせて、14種類の所得控除がある**
- **所得控除をもれなく適用することが、節税への近道**

Q41

所得税を減らすことができる
税額控除には、
どんなものがあるの?

A41

代表的な税額控除としては、
住宅ローン控除があるよ

所得税では、所得から控除できる所得控除のほか、所得税から直接控除できる税額控除があります。直接控除できるので、所得控除よりも節税効果が高いです。適用できる税額控除があれば、もれなく適用しましょう。

- 住宅ローン控除…10年以上のローンを組んでマイホームを購入等した場合
- 配当控除…配当所得を総合課税として申告する場合
- 政党等寄付金特別控除…政党や政治団体に寄付をした場合
- 認定ＮＰＯ法人等寄付金特別控除…認定ＮＰＯ法人等に寄付をした場合
- 公益社団法人等寄付金特別控除…公益社団法人等に寄付をした場合
- 外国税額控除…外国で外国の所得税を納付した場合
- 住宅耐震改修特別控除…一定の耐震改修を行った場合
- 住宅特定改修特別税額控除…一定の省エネ改修を行った場合
- 災害減免法…災害により、損害額が住宅や家財の時価の１／２以上になる場合

まとめ

税額控除は節税効果が大きい。もれなく適用しよう

Q42

**ふるさと納税って、
お得な制度なの?**

A42

**寄付先の市区町村から
返礼品をもらえた上で、
ふるさと納税した額のほとんどが
税金で還付されるのでお得だよ**

ふるさと納税をした場合には、寄付金控除の適用を受けることができ、所得金額から所得控除を差し引くことができます。具体的には、次の計算式で計算した所得控除額を所得金額から差し引くことができます。

（計算式）

寄付金控除＝寄付金の額（所得金額の40％を限度）－２０００円

ふるさと納税で寄付した金額のうち、所得税で還付を受けることができない額は、住民税で控除（還付）を受けることができます。つまり、ふるさと納税を利用すれば、実質２、０００円を負担するだけで、さまざまな返礼品を受け取ることができるのです。返礼品も、お米、肉、魚、野菜、酒、うどんなどのような食料品から、食事券や施設の利用券など多種多様です。ふるさと納税は、返礼品をもらえた上で、節税もできるのですから、お得な制度と言えるでしょう。

例えば、10万円のふるさと納税をして2万円相当のお米セットをもらった場合には、10万円－２０００円＝９万８０００円の税金が、所得税と住民税で還付や控除された上で、２万円相当のお米セットをもらうことができます。

ただし、もともとの納税額以上に、所得税や住民税で税金の還付や控除を受けることはできませんので注意が必要です。そのため、ふるさと納税を行う際には、所得税や住民税の納付税額も予想して計画的に行う必要があります。ふるさと納税のウェブサイトなどでは、利用限度額の試算を行うことができるようになっていますので、ウェブサイトを利用して試算すると良いでしょう。

なお、ふるさと納税の寄付先の市区町村が5か所以内で確定申告不要のサラリーマンは、「ワンストップ特例制度」を利用することができます。所得税の確定申告での手続きが不要で、住民税だけでふるさと納税にかかる税金の控除（還付）を受けることができる制度です。ふるさと納税する市区町村が5か所以内の場合には、この「ワンストップ特例制度」を利用すると、税金の還付手続きがとてもラクですので、利用されると良いでしょう。

まとめ

ふるさと納税はお得。確定申告不要のサラリーマンは、ワンストップ特例制度でラクに還付手続きを受けよう

Q43

iDeCo（個人型確定拠出年金）って節税になるの？

A43

掛金の支払いの全額を所得控除の対象にできるので、節税にもなるよ

ｉＤｅＣｏ口座での株式投資信託などの運用益には、運用期間中は所得税がかからないので、老後の資金運用という観点で、とてもお得な制度です（運用期間終了後の取扱いは、Ｑ13をご参照ください）。

さらに、ｉＤｅＣｏにはメリットがあります。１年間の掛金全額を小規模企業掛金等控除として所得控除することができるのです。毎年の掛金（６万円〜81万６、０００円）の全額が所得控除の対象になります。例えば、年間50万円の掛金を支払っていて所得税率が30％の場合には、１年間に50万円×30％＝15万円の節税効果があります。さらに、20年間に渡り掛金を支払い続けた場合には、15万円×20年＝３００万円の節税効果になります。

ただし、ｉＤｅＣｏにもデメリットがあり、60歳までの運用期間中は、原則として、支払った掛金の引き出しをすることができないのです。そのため、緊急にお金が必要になっても引き出しができませんので、注意が必要です。余裕資金を運用する際に、ｉＤｅＣｏを検討すると良いでしょう。

まとめ

ｉＤｅＣｏは、掛金全額が所得控除の対象となるのでお得

第4章

その他の
副業の税金について
学ぼう

Q44

副業が不動産所得の
確定申告について教えて!

A44

雑所得や事業所得の計算と
異なる扱いを押さえるといいよ

不動産所得も、基本的には雑所得や事業所得と同様な方法で、所得の金額を計算します。

（計算式）

①収入（売上）…不動産賃貸の貸付けなどで得た収入金額

②経費…収入を得るために支払った金額

③①－②－（青色申告特別控除）＝不動産所得の金額

ただし、不動産所得については、不動産所得ならではの税務上の取り扱いもあります。雑所得や事業所得とは異なる扱いになりますので、その違いを押さえるようにしましょう。

1　収入（売上）の計上時期

家賃や地代、共益費などの収入の計上は、原則として、契約上の収入日（支払日）に行います。そのため、実際に入金がなかったとしても、契約上の収入日が過ぎていましたら、収入計上をしなければなりません。実際に入金がないのに収入計上すると、先に未回収の収入に対する税金を支払うことになり、資金繰りが厳しくなりますので、入金管理をしっかりするようにしましょう。

礼金で返還の不要なものは、礼金の対象となる建物や土地の貸付けをしたときに、収入計上します。敷金や保証金については、受け取ったときは預り金に過ぎません。将来、返還不要が確定した際に収入計上をします。

2　経費

雑所得や事業所得と比較すると、不動産所得の経費になるものは限られています。不動産所得の主な経費は、次のようなものになります。

・広告宣伝費…入居者の募集費用
・租税公課…固定資産税、印紙税など
・消耗品費…文房具代、パソコン代など
・賃借料…又貸ししている場合の家賃や地代など
・減価償却費…建物や備品などの減価償却費
・修繕費…建物や備品などの修繕費など
・管理費…建物の管理費など
・支払利息…借入金の利子

3　「事業」に該当するか？

不動産の貸付けが、「事業」に該当するかの判定には、不動産の貸付けの取引規模によって判定します。具体的には、次のような取引規模の場合に「事業」に該当することになります。

・家屋の貸付けが、おおむね**5棟以上**の場合

・マンションやアパートの貸付けが、おおむね**10室以上**の場合

サラリーマンが、副業で不動産の貸付けを行う場合には、貸付けの件数などの規模的な理由により、「事業」に該当しないケースが多いようです。

4　青色申告

不動産所得についても青色申告制度があります。事業所得と同じように、青色申告者になることで、青色申告の特典を受けることができ節税することができます。青色申告の特典の一つである青色申告特別控除については、「事業」に該当すれば、**65万円**（電子申告などの要件を満たす場合）または**55万円**（電子申告などの要件を満たさない場合）の適用を受けることができます。一方、「事業」に該当しない場合の青色申告特別控除額は、**10万円**になります。

まとめ

不動産所得の計算も、基本的には雑所得や事業所得の計算と同じ。不動産所得だけに適用される取扱いに注意しよう

Q45

**不動産を売却したときの
確定申告について教えて!**

A45

**給与所得などの他の所得と分けて
所得を計算し、一定税率を乗じて
所得税や住民税を計算するよ**

不動産を売却したときには、給与所得などの合算する所得（総合課税）とは分けて、次のような計算式で所得税と住民税を計算します（分離課税）。

（計算式）

譲渡所得（＝譲渡収入金額－（取得費※1＋譲渡費用※2））×税率

※1　建物の場合、減価償却後の金額。金額が不明なときは収入×5％。

※2　仲介手数料や測量費など

税率については保有期間に応じて、次のように異なります。

短期保有（売却した年の1月1日で所有期間が5年以下の場合）

・所得税30・63％、住民税9％

長期保有（売却した年の1月1日で所有期間が5年超の場合）

・所得税15・315％、住民税5％

まとめ

不動産の売却は、所有期間が5年を超えると税金がお得

Q46

副業が株式投資の場合の
確定申告について教えて!

A46

副業でやるなら、
特定口座や新NISA口座
（源泉徴収あり）で投資すれば、
確定申告を不要にすることが
できるのでおススメだよ

１　確定申告不要の口座

株式投資について確定申告をしないで済む証券会社の口座があります。特定口座と新ＮＩＳＡ口座です。特定口座については、「源泉徴収あり」の口座を選択すれば確定申告が不要になるので便利です。新ＮＩＳＡ口座の「成長投資枠」であれば、毎年２４０万円までの株の購入分にかかる売却益や配当に対して、「つみたて投資枠」であれば、毎年１２０万円までの投資分にかかる運用益に対しては税金がかからない上、確定申告も不要です。なお、生涯の税金がかからない投資限度額は、１８００万円（うち成長投資枠は１２００万円）になります。

２　確定申告した方がいい場合

特定口座（源泉徴収あり）であっても、確定申告をした方がお得になる場合があります。特定口座内の株式の配当などと損益を相殺しても、相殺しきれずに損失になるケースです。この場合、確定申告することにより、この**損失を翌年以降3年間繰り越すことができます**。また、特定口座をいくつかの証券口座で開設し、資産運用している場合には、確定申告により、他の特定口座の譲渡益と損失を相殺することもできます。

なお、新ＮＩＳＡ口座で損失が発生した場合には、その損失は切り捨てられ、翌年以降に繰り越したり、特定口座の株式の譲渡益と相殺することはできません。このように株式等の運用で損失が生じた場合が、新ＮＩＳＡ口座のデメリットです。

3　一般口座などの場合

一般口座や特定口座（源泉徴収なし）の場合には、確定申告が必要になります。次の計算式により、他の所得と分けて税金を計算します（分離課税）。

（計算式）

①譲渡所得の金額＝譲渡収入金額－（取得費＋譲渡費用）

②①×税率（所得税15・315％、住民税５％）

まとめ

- 特定口座や新ＮＩＳＡ口座は、確定申告不要のため便利
- 新ＮＩＳＡは年間合計３６０万円までの投資額が非課税
- 特定口座内の株式の譲渡損は、確定申告しよう

Q47

副業でFXや
仮想通貨取引を行う場合の
確定申告について教えて!

A47

FXも仮想通貨取引も
雑所得に区分されるけど、
税率が大きく異なる可能性があるよ

ＦＸと仮想通貨（暗号資産）による利益の所得区分は雑所得で同じになりますが、税金の計算方法や税率が異なりますので、その点を注意しましょう。

1　ＦＸの場合

ＦＸによる利益は、雑所得に区分され、給与所得など他の所得と分けて税金を計算します（申告分離課税）。具体的には、次のように税金を計算します。

（計算式）

①雑所得の金額＝収入－経費

②①×税率（所得税15・３１５％、住民税５％）

収入は、為替差益やスワップポイントなどが該当します。また、経費は、ＦＸセミナーへの参加費やＦＸのためのパソコン代などが該当します。

2　仮想通貨の場合

仮想通貨（暗号資産）での利益も、ＦＸと同様に雑所得に区分されます。ただし、ＦＸとは税金の計算方法が異なります。給与所得などの他の所得と合算し、合算した所得に対して、累進税率による税率を乗じて税金を計算します（総合課税）。

そのため、仮想通貨取引による利益が出た場合には、ＦＸ取引と比べると多額の税金が発生しやすいですので注意が必要です。

まとめ

- **ＦＸは、分離課税により一定税率で税金を計算する**
- **仮想通貨は、総合課税により累進税率で税金を計算する**

Q48

年金を受け取りながら
副業する場合の
確定申告について教えて!

A48

確定申告が必要となる基準を
覚えておくといいよ

1 公的年金等の所得区分

公的年金等を受け取った場合には、雑所得に該当し、次の計算式で、雑所得の金額を計算します。

(計算式)

公的年金等の雑所得＝公的年金等の収入金額－公的年金等控除額

公的年金等とは、国民年金や厚生年金、共済年金などを言います。なお、遺族年金や障害年金に対しては税金がかかりませんので、これらの年金を受け取っても確定申告する必要はありません。

2 確定申告の不要制度

公的年金等を受け取った場合で、次の３つの要件のすべてを満たす場合には、確定申告不要制度を利用できますので、確定申告する必要はありません。

①公的年金等の雑所得の収入金額が**４００万円以下**であること

②①の公的年金等が源泉徴収の対象となっていること

③①以外の所得の金額が**20万円以下**であること

ただし、医療費控除や寄付金控除などの所得控除などの適用を受ける場合には、確定申告をする必要がありますので、注意が必要です。

また、副業を始めた場合に気を付けたいのは、③の要件になります。副業を始めたことにより、公的年金等以外の所得の金額が20万円を超えてしまうと、確定申告が必要になりますので注意しましょう。

なお、所得税の確定申告について申告不要の場合でも、次のような人は、別途住民税の申告が必要になりますので、申告もれに注意しましょう。

①公的年金等のみの所得があり、住民税で所得控除などの適用を受ける人
②公的年金等以外に所得のある人

まとめ

- **公的年金等は雑所得に区分される**
- **副業を始めて、公的年金等以外の所得の金額が20万円を超えると、確定申告が必要になるので注意！**

第5章

副業が本業に
変わる日に備えて

Q49

会社の退職金には
税金がかかるの?

A49

退職金から退職所得控除額という
控除を差し引くことができるので、
税金がかからないケースも多くあるよ

１　退職所得にかかる税金計算

会社をやめるときに受け取る退職金の所得区分は、退職所得に該当します。退職所得は、給与所得など他の所得とは分けて、税金の計算をします（分離課税）。

サラリーマンの退職所得の税金計算方法は、基本的に次のとおりです。

（計算式）

退職所得の金額＝（（退職金－退職所得控除額※）×１／２）×税率（累進税率）

※退職所得控除額

　勤続年数20年以下…40万円×勤続年数（最低80万円）

　勤続年数20年超…70万円×（勤続年数－20年）＋８００万円

例えば、勤続年数20年で、退職金１０００万円の場合には、（１０００万円－８００万円）×１／２×５％＝５万円というように税金を計算します。

なお、令和４年分の確定申告からは勤続年数５年以下の場合、退職金から退職所得控除額を差し引いた後の金額が３００万円を超える部分の金額に対しては、１／２を乗じることができなくなりましたので、ご注意ください。

2　確定申告不要

会社を退職する際には、「退職所得の受給に関する申告書」を会社に提出します。この申告書には、勤続年数などを記載する欄があり、退職所得控除額の計算ができるようになっています。この「退職所得の受給に関する申告書」を会社に提出した場合には、退職金にかかる税金計算もきちんと行われて、源泉徴収で納付が完了し、基本的に確定申告不要になります。そのため、医療費控除や寄付金控除などの所得控除の適用を受けて税金の還付を受けたい場合には、自ら確定申告をして、その適用を受ける必要があります。

なお、「退職所得の受給に関する申告書」の提出がない場合には、退職金に対して一律20・42％の税率で源泉徴収がされます。税金が多めに徴収されることになるので、自ら確定申告を行い、税金の還付を受ける必要があります。

まとめ

- **退職金は、退職所得控除があり税金がかかりにくい**
- **退職時に「退職所得の受給に関する申告書」を提出すれば、源泉徴収で納付が完了するため、基本的に確定申告は不要**

Q50

**会社を退職したら、
社会保険はどうすればいいの?**

A50

**国民健康保険や
国民年金などへの
加入手続きが必要になるよ**

会社を退職して、個人事業主として独立開業した場合には、自ら社会保険の手続きをする必要があります。手続きをし忘れていると社会保険に未加入の状態になってしまいますので、手続きを忘れないように気を付けましょう。

1　健康保険

会社を退職したときの健康保険の選択肢としては、次の3つが考えられます。保険料の負担や受けられる保険サービスなどを考慮して、加入する健康保険を決めるようにしましょう。

①国民健康保険…退職日から14日以内に住所地の市区町村で手続きします。保険料は、所得割（世帯所得×市区町村の税率）と均等割（固定額×人数）で計算されます。世帯主が保険料を支払います。

②任意継続の健康保険…退職日から20日以内に継続する健康保険組合で手続きし、最高2年間加入することができます。保険料は、退職時の標準報酬月額（30万円を限度）×保険料率で計算されます。保険料は、個人負担分のほか、会社負担分も負担しなければなりませんので、サラリーマンのときの約2倍の支払いになります。

③家族の扶養に入る…開業当初に売上があまり発生せず、扶養の要件を満たすようであれば、家族の扶養に入るのも選択肢の一つです（入れば保険料の負担が発生しません）。

2 国民年金

会社の退職日から14日以内に、住所地の市区町村の年金窓口で手続きします。支払う保険料は、令和6年4月の場合、毎月1万6980円です。最大2年間分までまとめて支払うことができ、まとめて支払うことで保険料額の割引を受けることもできます。また、付加保険料400円を追加で支払うことにより、将来の年金の受給額を少し増やすこともできます。

3 雇用保険

退職後すぐに、個人事業主として事業を行う場合には、雇用保険の失業保険を受給することができません。事業を行いながら失業保険を受給してしまうと雇用保険の不正受給になりますので注意しましょう。なお、個人事業主として独立開業した場合には、事業主に雇用されているわけではありませんので、雇用保険に加入することはできません。

まとめ

会社を退職したら、健康保険と国民年金の手続きは早めにしよう

Q51

副業が本業に変わると、
税金の何が変わるの?

A51

事業所得に該当し、
「個人事業の開業届出書」などの
提出が必要になるよ

1　事業所得

サラリーマン時代に副業を雑所得として申告していた場合でも、会社を退職して、副業が本業になった場合には、事業所得に区分されることになります。

というのも、会社を退職して、副業が本業になった場合には、「事業」の要件を満たしやすくなるからです。「事業」の要件は、①指揮命令は自分か、②毎日継続してやっているか、③その取引を繰り返し行っているかなどや収入金額で総合的に判定されることはお伝えしましたが、会社を退職し、独立開業することで、②③の要件を、満たすことになるからです。

2　開業の届出

雑所得から事業所得に変更になった場合には、開業に関する次のような届出書を必要に応じて税務署に提出しましょう。

・「個人事業の開業届出書」…本業に変更した日から1か月以内
・「所得税の青色申告承認申請書」…本業に変更した日から2か月以内
・「青色事業専従者給与に関する届出書」…専従者※を置いた日から2か月以内

※生計を一にする家族で、一定の要件を満たす人

・「給与支払事務所等の開設届出書」…従業員（専従者を含む）を雇った日から1か月以内
・「源泉所得税の納期の特例申請書」…源泉所得税の納付を毎月納付から年2回納付に変更する場合に提出する（従業員数10人未満まで）

3　青色申告

事業所得に該当することになれば、青色申告することにより、次のような青色申告の特典を受けることができるようになります。

・青色申告特別控除として、**65万円**（電子申告などが要件）または**55万円**、もしくは**10万円**を経費にできる
・事業所得に損失が出たら、給与所得などと相殺して税金を減らせる
・他の所得と相殺しきれない場合は、翌年以降3年間、損失を繰り越せる
・30万円未満の減価償却資産を経費にできる
・青色事業専従者給与として家族への給与を経費にできる

4　帳簿の備え付け

雑所得から事業所得になって面倒になるのは、帳簿の備え付けです。雑所得の場合には、

前々年の収入が３００万円以下の場合は、帳簿の備え付け義務がありません（Q36参照）。しかし、事業所得になったら、次のような帳簿書類を備え付け、基本的に**7年間**保管することが必要です。

・白色申告の場合…簡易な帳簿、確定申告書、収支内訳書など

・青色申告（青色申告特別控除10万円）の場合…簡易簿記（収入と支出を記録）の帳簿、確定申告書、青色申告決算書など

・青色申告（青色申告特別控除65万円※）の場合…複式簿記（貸借対照表や損益計算書）の帳簿、確定申告書、青色申告決算書など

※電子申告などの要件を満たさない場合は、55万円の控除

まとめ

・副業が雑所得だった人は、独立開業で事業所得に変わる

・「個人事業の開業届出書」などを税務署に提出しよう

・青色申告をして節税しよう

Q52

本業でやるなら、
個人と法人どっちがお得なの?

A52

それぞれメリットとデメリットがあるので、
総合的に考えて自分に合った選択を
することが大切だよ

副業を本業にし、事業を大きく成長させていきたい場合などには、法人化（会社設立）という選択肢もあります。一度法人化すると、個人事業に戻すのは手続きが大変ですので、あらかじめ法人化のメリットやデメリットを把握した上で、慎重に法人化がベストなのかを検討すると良いでしょう。

1　法人のメリット

・社会的信用がある（取引がしやすい、人を採用しやすい、融資が受けやすい）
・決算日を決めることができ、繁忙期と決算時期をずらすことができる
・一定以上の所得金額※なら、個人より法人の方が税負担が軽い
※役員給与の支給額で税金が変わるので一概には言えませんが、所得金額が５００万円以上くらいから、法人の方がお得になることがあります。
・自分に役員給与を支給できる（給与所得控除を受けることができるので、節税できる）
・家族に給与を支給しやすくなる（青色専従者などの要件がなくなる）
・損失（欠損金）を繰り越すことができる期間が個人に比べ長い（個人3年、法人10年）
・社会保険（厚生年金と健康保険）に加入でき、将来や病気の保障が手厚くなる
・役員退職金を支給することができる

・生命保険料を経費にすることができる
・事業承継や相続対策がしやすい

2　法人のデメリット

・設立時に会社設立費用（登録免許税や司法書士費用）が発生する
・毎期、株主総会や決算公告が必要である
・一定期間ごとに、役員改選の登記が必要になる
・経理業務が個人に比べると複雑である
・法人税の申告を税理士に依頼すると、個人に比べコストがかかる
・所得が低い場合には、税率的に個人の方がお得である
・損失（欠損金）の場合でも、法人住民税の均等割額がかかる
・社会保険（厚生年金と健康保険）に加入するため、コスト負担が増える

以上のように、法人化にはさまざまなメリットとデメリットがあります。税金などお金の損得だけでなく、事業という側面からも総合的に考えて、法人化を検討すると良いでしょう。

また、独立開業当初に、コスト負担を抑えたいようであれば、最初は個人事業主としてス

タートし、事業が軌道に乗り資金繰りに余裕が出てきてから、法人化を検討するという方法もあります。

3　法人設立の届出

法人を設立した場合には、法人設立に関する次のような届出書を必要に応じて作成し、税務署に提出しましょう。

・「法人設立届出書」…法人を設立した日以後2か月以内
・「青色申告の承認申請書」…法人を設立した日以後3か月以内（設立事業年度終了日が早く到来する場合には、事業年度終了日の前日）
・「給与支払事務所等の開設届出書」…給与支払事務所の開設があった日から1か月以内
・「源泉所得税の納期の特例申請書」…給与にかかる源泉所得税の納付を毎月納付から年2回納付に変更する場合に提出（従業員数10人未満まで）

まとめ

メリットとデメリットを総合的に考えて、法人化を検討しよう

副業の税金キーワード④

1　インボイス発行事業者

消費税のインボイス発行事業者になった場合には、個人・法人ともに、売り手側には4つの義務があるため、覚えておく必要がありあます。**①インボイス発行、②返品があった場合の返還インボイス発行（税込金額1万円未満の返還は発行不要）、③インボイスの誤りを修正する場合の修正インボイス発行、④インボイスの控えの保存（7年間）**の4つです。①のインボイスには、これまでの請求書等の必要項目に加え、インボイス登録番号と税率、税率ごとに区分した消費税の3つの項目を新たに記載しなければならなくなりました。

また、これまで小規模な副業などでは、消費税の免税事業者に該当するケースが多く、消費税の申告や納付も不要でした。でも、インボイス制度開始以降は、免税事業者がインボイス発行事業者になるためには、消費税の課税事業者になる必要があります。その場合は、消費税の申告と納付が必要になりますのでご留意ください。

納付する消費税は、**原則課税**か**簡易課税**（期限までに届出が必要・2年間は継続適用）のいずれか有利な方法を選択して消費税を計算します。原則課税は、基本的に売上にかかる消費税から仕入にかかる消費税を差し引いて消費税を計算します。仕入にかかる消費税が売上にかかる消費税よりも大きくなる場合には、消費税の還付を受けることもできます。ただし、仕入にかかる消費税はインボイス発行事業者から購入したものでないと差し引くことができないので注意が必要です（経過措置期間あり）。また、仕入れにかかる消費税に対するインボイスの控えの保存も必要です。

簡易課税は、売上にかかる消費税からみなし仕入にかかる消費税を差し引いて計算します。みなし仕入にかかる消費税は、売上にかかる消費税に対して業種ごとに定められたみなし仕入率を乗じて計算します。みなし仕入率は、①卸売業90％、②小売業80％、③製造業70％、④飲食業60％、⑤サービス業50％、⑥不動産業40％などと税法で定められています。

また、免税事業者が課税事業者を選択してインボイス発行事業になった場合には、令和5年～8年分の申告については売上税額の2割を納税額とする軽減措置の特例（以下「**2割特例**」）を選択することもできます。この2割特例を選択した場合は、売上にかかる消費税に2割を乗じた金額の消費税の納付で済みます。つまり、令和8年までは原則課税、簡易課税、2割特例のいずれか有利な計算方法を選択して消費税を計算することができるのです。卸売業以外の副業で、仕入にかかる消費税がよほど大きくならない限り（売上にかかる消費税の８割超）は、２割特例を適用した場合が税額的に有利になりますので、この２割特例を選択するとよいでしょう。この２割特例は、事前に税務署に届出することなく適用を受けることができ、確定申告書に２割特例の適用を受ける旨の記載をするだけで適用を受けることができます。

2 電子帳簿保存法

電子帳簿保存法の改正が令和４年１月１日に行われ、①電子帳簿保存、②スキャナ保存、**③電子取引にかかる電子データの保存のルール**が改正されました。このうち①電子帳簿保存、②スキャナ保存については事業者が任意に選択できます。しかし、③電子取引にかかる電子データの保存については、すべての個人事業主（雑所得で前々年の収入が３００万円を超える場合も含む）と法人に対して強制適用されます。この強制適用が令和６年１月１日から本格的に開始しました。改正内容は、メールやウェブサイトなど電子取引で受け取ったＰＤＦなどの電子データは、一定の要件を満たす方法で、電子データのまま保存しなければならないというものです。ただし、猶予措置も設けられていますので、ご安心ください。税務署長が相当の理由があると認め、電子データのダウンロードの求めに応じるなどの対応をしている場合には、紙での保存も認められています。相当の理由としては、資金繰りや人材不足など幅広い理由が認められるようです。最低限、電子取引にかかる電子データを電子のまま保存しておく対応をしておきましょう。

それでは、一定の要件を満たす保存をする場合は、どのような保存をすればよいのでしょうか。改正後の電子帳簿保存法では、最低限２つの要件を満たす保存が求められています。**①検索機能の確保**、**②データ改ざんの防止**の２つです。①検索機能の確保とは、ＰＤＦなど電子データを取引年月日、取引金額、取引先で検索できるように保存してくださいというものです。これはＰＤＦのタイトルにこれら３つの項目の記載をすることで対応できます。また、取引先フォルダを作成して、そのフォルダ内に取引年月日、取引金額の２つをタイトルにしたＰＤＦを保存するなどして対応することでもできます。その他、エクセルなどで電子データと保存先が紐づくように管理しながら保存する方法もあります。ただし、これにも特例措置が設けられ、２年前の売上が５０００万円以下の場合は、税務職員の求めに応じて電子データを渡すことができれば、検索機能の確保まではしなくてよいとされています。②データの改ざん防止は、事務処理規程を作って改ざんができないようにするか、タイムスタンプを付すか、改ざんできないソフトで管理するかのいずれかの方法により対応することができます。これらの中で簡単でコストがかからない方法は事務処理規程の作成です。事務処理規定のフォーマットは国税庁のホームページでダウンロードすることができますので、そのフォーマットをご自身の電子データ保存状況にあった事務処理規定に作り変えていただくと良いと思います。

［著者プロフィール］

大橋弘明（おおはし　ひろあき）

税理士　中小企業診断士　ファイナンシャルプランナー（１級ＦＰ技能士・ＣＦＰ®認定者）
港総合会計事務所・パートナー
http://minato-acc.gr.jp

【経歴・実績】

早稲田大学教育学部卒業。

地方銀行、会計事務所、税理士法人勤務を経て、現職。

よろず支援拠点、商工会議所、区役所などにおいて、会社や個人の税務相談業務に数多く従事する。

モットーは、「開業や副業で、人生を豊かに」。

サラリーマンの独立開業や副業支援に力を入れており、支援した人数は８００人を超える。

著書に『起業・副業の資金調達支援ハンドブック』（税務経理協会）がある。

Special Thanks to:

企画協力　樺木宏（株式会社プレスコンサルティング）

イラストレーション　Shutterstock

サラリーマンの副業《ふくぎょう》の税金《ぜいきん》が全部《ぜんぶ》わかる本《ほん》

二〇二一年（令和三年）十一月二十一日　初版発行
二〇二四年（令和六年）九月二十四日　第二版第一刷発行

著　者　大橋 弘明
発行者　石井 悟
発行所　株式会社自由国民社
東京都豊島区高田三―一〇―一一　〒一七一―〇〇三三
電話〇三―六二三三―〇七八一（代表）

造　本　ＪＫ
印刷所　株式会社光邦
製本所　新風製本株式会社